ビジネス競争のバイブル

ランチェスター
戦略
超入門

福永雅文 ランチェスター戦略
コンサルタント

ビジネス教育出版社

はじめに

若手営業員が自身で営業戦略を策定するために

　仕事で成果を持続的に上げるために一番大切なことは何でしょうか？　気合や対人関係能力や体力でしょうか。もちろん、必要です。ですが、いくら努力をしても、どのように努力するのかを間違えると成果は限定的です。

　どのように努力するか。**目標を達成するために、いつ、どの地域の、どの顧客層に、どんな商品を売るのかのシナリオを描き、ヒト、モノ、カネ、そして時間などの資源を最適に配分する。そうした考えが戦略です。**あなたの尊い努力を実り多いものにするもの、それが戦略です。**ビジネスで一番大切なことは戦略**なのです。

　その一番大切な戦略は誰が考えるのか。社長や上司が考え、若手はそれに従って行動するだけの存在でしょうか。筆者はそうは思いません。もちろん、会社全体や自分の所属する部門それぞれの戦略を理解共有する必要があります。**それらを学んだうえで、自分自身の戦略を考え、実行し、PDCAを回しながら成果を上げていくのが仕事**なのです。

　本書は特に若手の営業員のあなたのために営業で一番大切な戦略を解説します。会社や部門での理解のみならず自身の営業戦略を策定する能力を本書で身につけていただくことを目的にします。

　コンサルタントである筆者は長年、企業の事業や営業の戦略づくりをお手伝いしてきましたが、それに加えて若手のビジネスパーソンや起業希望者や中小企業の後継者に対しても戦略づくり

を指南してきました。本書の冒頭に、一人の若手営業員がどのような戦略をたてて実行し、いかなる成果を上げたのかを紹介しましょう。

　株式会社キャリアコンサルティングが主宰する若手社会人の教育機関「しがく」の講座「福永ランチェスター戦略塾」で一年間学んだ中田貴仁さんからの報告です。

■中田貴仁さん（仮名）　社会人5年目
　勤務先：証券会社（業界最大手）X支店
　仕　事：証券など金融商品の販売、資産運用や決算対策のコ
　　　　　ンサルティング

「弱者と強者は会社の規模ではなく市場シェアで判定する。強者は1位のみで、2位以下は弱者である。弱者は『弱者の戦略』で戦うのが原則」このことを学び、私はすぐに調べました。

　私が勤務する証券会社は業界最大手です。証券業界全体では強者です。しかし、私が所属するX支店のテリトリーではどうか。X県の有価証券の預かり資産の最大手は地銀のX銀行でした。自社は2位。その差は2倍以上もありました。自社は弱者だったのです。

　それまでの私は、証券会社は証券会社と競争をしていて銀行をライバルとは見ていませんでした。銀行が窓口販売で金融商品を販売していることは知っていましたが、融資先が付き合い程度に買っていると見ていました。

　市場全体では強者でも自分のテリトリーのX県では弱者であることがわかった私は弱者の**「差別化戦略」に取り組むことにします**。目をつけたのは「NISAを使った福利厚生制度」です。資産活用商品のNISAやIDeCoは近年伸びてきています。

X県ではまだ実績がほとんどありませんでした。従業員個人の資産形成を会社が支援する仕組みです。会社が奨励金を出すことや天引きのシステムをつくるなど会社の負担が多少あること、そもそも預金ではなく低リスクといえども投資であることが普及を妨げています。一方で従業員満足度を高め離職率を下げる福利厚生効果や節税対策にもなるメリットもあります。

　利益が出ていて従業員満足度を重視している社員950名の中堅企業に狙いを絞り提案したところ、「NISAを使った福利厚生制度」が採用されました。従業員の4割近い360名の方が加入されました。これは当時の自社の全国最多記録となりました！

　この中堅企業さんとは取引はありましたが、部分的でした。今回の「NISAを使った福利厚生制度」がきっかけで節税対策や事業承継対策のご相談をいただく関係になりました。

　今回、ライバルとして銀行のことを調べたところ、金融機関は預金、貸出、為替の3大業務では利益が出にくくなっており、手数料収入を拡大していくことが急務であることがわかりました。証券や保険の金融商品を扱う窓口販売はますます力を入れていくでしょう。地域の証券会社にとって手ごわいライバルです。さらに企業買収や事業再生にも取り組んでおり、コンサルティング機能が充実していくと思われます。

　私たち証券業界ではかつての主力事業である株式の売買仲介業はネット証券に奪われています。株の売り買いでは利益は出にくくなっています。顧客の資産運用、決算対策、事業承継や相続対策の金融面でのコンサルティングに主軸が移りつつあります。

　「福永ランチェスター戦略塾」で一年間学んだ私は、自社の戦略を理解し、営業員として自分自身の戦略づくりをすることができました。さらに、自社の顧客企業の戦略についても理解が深まりました。コンサルティングをするとはどういうことか、そのヒントも得られました。

━ 本書の構成——学び、考え、実践する書

　中田さんの報告で、ビジネスパーソン一人一人が営業戦略を策定することの意味は伝わったと思います。次はあなたの番です。

　本書は全6章で構成されています。第1章はランチェスター戦略の原点である戦闘の勝ち負けを方程式で示し法則化したランチェスター法則を紹介し、そこからどのように経営や営業の戦略に応用されたのかを解説します。

　第2章から第4章までが経営戦略としてのランチェスター戦略の基本理論です。弱者と強者の戦略や市場シェア理論などです。第1章から第4章まで、理論は必要最低限にとどめ、わかりやすい事例を数多く紹介しました。楽しく読んで学んでいただきます。

　第2章から第4章まで、それぞれ章末には、戦略づくりの取り組み方と営業員の仕事について解説しました。学んだことをご自身の会社や、自分のこととして考えて戦略を策定していただきます。

　第5章の営業戦略は営業活動の実践に直結する内容です。実践し、成果を上げていただきます。

　第6章は、若手のビジネスパーソンや起業希望者や中小企業の後継者に対しても戦略づくりを指南してきた筆者が、令和時代のいま、若手営業員に伝えたいことを書きました。先ほど報告してもらった中田さんと共に学んでいる人たちの事例も紹介します。

　本書は若手営業員が、営業の仕事で一番大切な戦略を学び、自社と自分自身の戦略を考え、実践するための本です。仕事で人生をつくり、未来を切り拓いていこうとする、あなたのために書きました。お役に立てば幸いです。

2023年11月

ランチェスター戦略コンサルタント

福永雅文

目次

第1章
勝ち負けの原理原則
「ランチェスター法則」

第2章
弱者の差別化戦略と
強者のミート戦略

勝ち負けの原理原則
「ランチェスター法則」

Lanchester's laws

1 | いまなぜ、ランチェスター戦略なのか

　日本の実質GDPは1980年から92年の間は平均すると年率4.1％成長していました。92年から2022年の間は年0.7％です。日本の国民一人あたりの実質GDPは世界32位にまで下落しました。日本経済が成長しない状況を「失われた30年」といいます。人口も2008年をピークに減少が続いています。

　令和時代のいま、国内市場は縮小傾向にあり、企業間競争は激化しています。大手の寡占化、弱小の淘汰が進んでいます。たとえば金融機関や損保の合併統合が相次いでいます。大企業も苦しい。ましてや中小企業はいかにして生き残るか……迷ったら、原理原則に立ち返れ。歴史に学べ。

　1970年代の前半にオイルショックが起こります。それまで高度経済成長が続いていた日本が突如、不況になったのです。競争が激化する市場縮小期に企業はいかにして勝ち残るのか。日本のコンサルタントの草分けの故田岡信夫先生（1927〜1984）は成長期の競走（気合と体力の早いもの勝ち）ではなく、成熟期は科学的な戦略に基づく競争（勝ち負け）が求められると考えました。

　こうして誕生したのがランチェスター戦略です。**ランチェスター戦略とは企業間の販売競争に勝ち残るための理論と実務の体系です。**

━ 競争戦略・販売戦略のバイブル

　50年前から多くの企業がこれを学び、自社の戦略に取り入れ成果を上げてきたことから、日本において**競争戦略・販売戦略のバイブル**と呼ばれています。たとえばトヨタが国内普通乗用車の、ブリヂストンが国内タイヤの、それぞれシェア（市場占有率、市

場占拠率、マーケット・シェア）が40％以上かつ２位を圧倒する
ナンバー１であることを重視しているのはランチェスター戦略の
影響です。

　トヨタの例を出すとランチェスター戦略は大企業のための戦略
と思うかもしれません。しかし、戦略というものは「**小が大に勝つ**」
ことが醍醐味です。たとえば海外旅行の取扱い数では業界１位の
H.I.S.は澤田秀雄さん個人が始めた小さな会社でした。元もと国
策企業のJTBや電鉄グループ会社の近ツリなどの巨大企業を相
手に戦うときにランチェスター戦略を参考としています。80年
代のベンチャー企業だったソフトバンクやフォーバルにも影響を
与えました。

　過去の話を書くとランチェスター戦略は古いとのイメージを持
たれるかもしれませんが、そうではありません。たとえば、澤田
秀雄さんはいま、20代・30代の起業家を育成する教育機関「澤
田経営道場」を立ち上げて指導されています。その主要カリキュ
ラムにランチェスター戦略を取り上げています。道場で学んだ若
者はロボットやメタバースの分野で起業する人もいます。令和時
代の先端ビジネスにランチェスター戦略は活かされているので
す。なお、筆者は澤田経営道場を運営する財団法人で理事を務め、
道場生にランチェスター戦略を指導しています（本書執筆時点の
2023年）。

　令和時代のいま、昭和時代に確立したランチェスター戦略をそ
のまま指導しているわけではありません。普遍性のある原理原則
は守りながら、最新の理論や手法も取り入れながら指導していま
すので安心してください。

■ 原点は「戦闘の勝ち負けの方程式」

　50年前に日本人が提唱した理論が「ランチェスター戦略」と呼
ばれていることには理由があります。「**ランチェスター法則**」と

いう軍事理論が、その原点だからです。第一次世界大戦のとき、イギリス人のF.W.ランチェスターが提唱した戦闘の勝ち負けの方程式です。田岡先生はこの戦闘の法則から戦いや競争の原理、勝ち方の原則を導き出し、経営の領域に応用し理論化します。自らが確立した理論を田岡先生が戦略思想の原点に敬意を示してランチェスター戦略と名付けたのです。

━ ランチェスター戦略の3つの差別化ポイント

経営戦略や手法には様ざまなものがあります。ランチェスター戦略もその1つです。他とは何が違うのか。3点挙げましょう。

第一に科学的です。戦略思想の原点が方程式です。市場占有率という数字を判断基準にしています。ランチェスター戦略は科学的で論理的です。

第二に実務的です。多くの経営理論はアメリカで大企業を対象に研究された成果です。理論はわかっても実務に展開できない会社のほうが日本では多いように思います。その点、ランチェスター戦略は経営の実務指導を行う日本人コンサルタントがその指導原理として確立したものです。だから、わかりやすく使いやすい。シェアを上げる実務の体系が充実しています。

経営層が企業戦略を策定することに使えますが、コンサルタントである筆者が最も多く指導してきたのは支店・営業所の営業戦略づくりです。そして**本書ではビジネスパーソン1人ひとりが自身の営業目標の達成のための戦略づくりを解説します**。

第三に豊富な実績です。バイブルと呼ばれるほど多くの企業が取り入れてきたことは既に解説しました。さらに日本のコンサルタントやマーケッターに多大な影響を与えています。営業の仕事の王道は顧客を成功に導くことで自らの業績を上げていくことです。営業員がコンサルタント的な役割を果たすことも本書で学んでいただきたいです。

2 | ランチェスター法則

　ランチェスター戦略の原点であるランチェスター法則について解説します。いまから110年程前、第一次世界大戦が行われていたとき、戦闘機の開発に従事していたイギリス人のF.W.ランチェスター（1868〜1946）は、戦闘の勝ち負けに興味をもち、研究します。

　そして、**戦闘の勝ち負けは「武器の性能」と「兵力の数量」で定まると提唱します。これがランチェスター法則**です。

　武器の性能とは兵器の性能のみならず、兵士のやる気や腕前といった戦いの「質」の要素です。兵力の数量とは兵士の数のみならず、軍艦や戦闘機といった兵器の数量も含めます。戦いの「量」の要素です。

　戦いの質の要素の「武器の性能」と、量の要素の「兵力の数量」で勝ち負けが決まりますが、この法則は戦い方によって結論が2つに分かれます。

■ ランチェスター第1法則と第2法則

　一対一が狭い範囲で敵と近づいて戦う、原始的なゲリラ的な戦いのときは第1法則が適用します。一方、多数と多数が同時に広い範囲で敵と離れて戦う、近代的な戦争のときは第2法則が適用します。その結論は次の通りです。

●第1法則……戦闘力＝武器性能×兵力数
●第2法則……戦闘力＝武器性能×兵力数の2乗

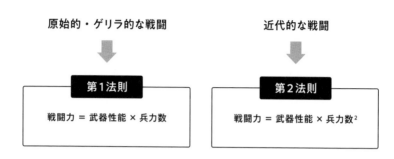

　戦国時代の戦いは多数対多数で戦っていますが、主たる武器は槍や刀です。武器が届く範囲の戦いとなりますので原則として第1法則が適用されます。近代戦とは、たとえば機関銃をもった兵士の集団と集団が戦うような戦闘です。同時に複数の敵を攻撃できる能力を有していれば第2法則が適用されます。1対1で戦うゲリラ戦は近代であっても第1法則が適用されます。

　第1法則と第2法則の違いはただ1つ。第2法則は兵力数が2乗することです。集団が相乗効果を上げるので攻撃が掛け算のように効きます。第1法則の個人戦は攻撃が足し算にしかなりません。

■ 信長の武器と秀吉の兵力数

　武器といえば織田信長の鉄砲が有名ですが、信長は鉄砲だけではありません。槍もライバルを上回る武器にしました。戦国時代、槍はどんどん長くなります。長いほうが敵に届くからです。3間（5m40㎝）まで長くなりました。これが振り回せる限界です。これ以上長いと操作できなくなります。

　ところが、信長は3間半（約6m30㎝）の超長槍を導入します。どうやって操作したというのでしょうか。突き刺すことを諦めたのです。突き刺そうとするから操作できないのです。先っぽに鉄

図表1-2 兵力数で勝った秀吉

	合　戦	敵　将	敵の兵力数	秀吉兵力数
1581年	鳥取城干殺し	吉川経家	4,000	20,000
1582年	高松城水攻め	清水宗治	5,000	30,000
1582年	山崎の合戦	明智光秀	17,000	40,000
1583年	賤ヶ岳の合戦	柴田勝家	20,000	75,000
1584年	小牧・長久手の合戦	徳川家康織田信雄	30,000	100,000
1585年	四国征伐	長曽我部元親	15,000	110,000
1587年	九州征伐	島津義久	20,000	150,000
1590年	小田原征伐	北条氏政	57,000	230,000

　の塊をつけて、頭上から敵を叩く武器としたのです。刺さずとも充分な殺傷能力があります。

　兵力で圧倒する戦術を得意にした戦国武将といえば豊臣秀吉です。秀吉は信長の家臣でしたから最新兵器も巧みに使いこなしているのですが、秀吉の戦の勝因はなんといっても圧倒的な兵力数の多さにあります。たとえば、1590年の小田原の北条攻め。北条氏は小田原城を武田信玄に攻められたときも、上杉謙信に攻められたときも撃退しています。難攻不落の小田原城に兵力5万7千で立て籠る北条氏を秀吉はいかにして攻略したのか。

　秀吉は23万人もの大軍で関東に攻め込み、うち14万8千人で小田原城を囲みます。城を囲むこと86日、北条氏は戦わずして降伏します。あまりの兵力差に北条氏は諦めてしまいました。これにより、秀吉の天下統一は決定づけられました。

　なお、筆者は長篠の戦い（信長・家康連合軍が鉄砲3千丁で武田勝頼軍を壊滅させた）は、ランチェスター第2法則が適用した

15

戦いであったと主張しています。2015年にNHKの「風雲！大歴史実験」のテレビ番組で実験して、それを証明しました。ご興味あれば拙著「真田三代　弱者の戦略（日本実業出版社）」をご参照ください。

━ グアム島の戦い

　1944年、第2次世界大戦において日本はアメリカなどと戦いました。その戦いの1つに「グアム島の戦い」があります。グアム島は日本軍1万8,500人が守っていました。それに対して米軍は5万5,000人で攻めかかります。

　その両軍の戦闘を筆者がランチェスター第2法則で解いてみました。図表1－3を参照してください。両軍の武器の性能は同じで、日本軍が全滅するまで戦い続けたと仮定して式を説くと、米軍は5万1,795人が生き残るとの計算が成り立ちました。米軍の戦死者はわずか3,205人です。

　実際はどうだったのか。図表1－4を参照してください。日本軍は1万8,000人が戦死し、500人が生き残りました。米軍は3,000人が戦死し、5万2,000人が生き残りました。ランチェスター第2法則とほぼ一致します。実戦においてランチェスター第2法則は成り立っていることが確認できます。

図表1-3 グアム島の戦いをランチェスター第二法則で解く

米軍	日本軍
初期兵力数； **55,000**	初期兵力数； **18,500**

第2法則の公式　　$Mo^2 - M^2 = E(No^2 - N^2)$

＊E＝1、N＝0として計算

$55,000^2 - M^2 = 18,500^2$

$M^2 = 55,000^2 - 18,500^2$

$= 2,682,750,000$

$\therefore M = 51,795$

図表1-4 グアム島の戦いの実際

米軍		日本軍	
初期兵力数；	**55,000**	初期兵力数；	**18,500**
残存兵力数；	**52,000**	残存兵力数；	**500**
戦死者　　：	**3,000**	戦死者　　：	**18,000**

3 | 小が大に勝つ3原則

第1法則……戦闘力 ＝ 武器性能 × 兵力数
第2法則……戦闘力 ＝ 武器性能 × 兵力数の2乗

　この二つの軍事法則から勝ち方の原則を導き出せます。まず兵力数が多い軍「大」は常に有利です。特に第2法則が適用する戦いでは兵力数が2乗に作用しますから、圧倒的に有利です。勝つために大もよい武器をもつに越したことはありませんが、兵力が多いので敵と同等の武器であれば勝てます。大が効率よく勝つ方法を二つ原則化できます。

① 大は第2法則が適用する戦いを選ぶほうが効率よく勝てる
② 大は兵力の数量が多いので、武器の質は敵と同等であれば勝てる

　では、兵力数が少ない軍「小」はどうすればよいでしょうか。小が大に勝つ方法を考えてみましょう。第2法則が適用する戦いでは歯が立ちません。第1法則が適用する戦いであれば、武器性能を兵力の比以上に高めれば勝てます。兵力数は増やせませんが、運用方法には工夫の余地があります。局地戦に持ち込み、兵力を集中させれば、その局面においては兵力数をライバルよりも多くできます。
　軍事用語で局所優勢といいます。局所優勢の状況を維持して各個撃破していくのです。つまり、ランチェスター法則から導き出される小が大に勝つ原則は以下の3つです。

① 奇襲の原則（ランチェスター第1法則が適用する原始的・ゲリラ的に戦う）

② 武器の原則（武器性能を兵力の比以上に高める）

③ 集中の原則（局所優勢となるよう兵力を集中し、各個撃破する）

━ ランチェスター法則を経営に応用する

　軍事理論のランチェスター法則を企業間競争に応用します。戦闘力を、事業の競争力に置き換えると次のように公式化できます。

部分的な競争……競争力 = 経営の質の要素 × 量の要素
全体的な競争……競争力 = 経営の質の要素 × 量の要素の2乗

　まず、戦闘における第1、第2の法則をビジネスに応用します。
　特定の地域、顧客層、商品などの部分的な競争なら第1法則が適用し、総合的・全体的な競争なら第2法則が適用すると考えます。総合的な全体的な競争の場合、経営の量の要素が2乗のパワーとなります。経営の量の要素の乏しい（小さい会社、業界2番手以下の会社）は、部分的な競争に持ち込まなければ勝ち目はないということです。「**特定市場でナンバー1**」は経営資源の乏しい会社の勝ち残りに欠かせない考えなのです。
　次に、武器と兵力をビジネスに応用します。大きく捉えるなら武器は商品力、兵力は販売力です。細かくは、情報力、技術開発力、機能や品質、ブランドなどの製品の付加価値、顧客対応力、営業員のスキルなどの経営の質の要素が武器です。社員数、営業員数、販売代理店の当社の担当者数、製造現場の設備機器数、売り場面積、席数など、経営の量の要素が兵力です。これら経営の質の要素と経営の量の要素を掛け合わせたものが企業の競争力を決定づけます。
　以上の応用から、経営における弱者と強者の戦略が導かれます。

第2章

弱者の差別化戦略と強者のミート戦略

1 | 弱者の戦略、強者の戦略

　戦闘は戦場で行われます。戦闘の勝ち負けはランチェスター法則では残存兵力数で判定されます。では、事業の競争はどこで行われ、事業の勝ち負けは何によって判定されるのでしょうか。**事業の競争は市場で行われ、勝ち負けはシェアにより判定されます。**

　ランチェスター戦略ではシェアの順位（競争地位）によって、とるべき戦略が異なります。その基本となる地位として弱者と強者という区分があります。次のように定義しています。

　弱者……シェア2位以下
　強者……シェア1位

　経営規模ではなくシェアで判定します。大きな会社でもシェアが低ければ弱者です。小さな会社でもシェアが高ければ強者です。たとえばホンダは大企業ですが、国内普通乗用車市場のシェアは1位がトヨタでホンダは日産と2位争いをしている状況ですので弱者です。

　一方で世界オートバイ市場ではホンダは1位ですので強者です。つまり、地域や商品の市場により弱者・強者の立場は入れ替わります。**市場ごとに自社が弱者か強者か**を把握します。「はじめに」で成果報告してくれた証券会社の中田さんは会社全体では強者だが、自分の所属する支店では弱者であり、弱者の戦略で戦ったとありました。このように市場ごとに判断します。

　自社や自分の部門が弱者か強者かわからない場合は弱者だと思ってください。強者であればわかるものです。**迷ったら弱者の戦略**をとることが原則です。

図表2-1 弱者と強者　定義と基本戦略

	弱者	強者
定義	市場シェア2位以下	市場シェア1位
基本戦略	差別化戦略 ・よりよい武器をもつ ・独自性 ・質の優位性	ミート戦略 ・同等の武器なら勝てる ・模倣、同質化 ・弱者の差別化を無効にする

■ 弱者の差別化戦略と強者のミート戦略

　なぜ、地域や顧客層や商品などの市場ごとに弱者か強者かを把握する必要があるのか。それは弱者と強者とではとるべき戦略が根本的に異なるからです。

　ランチェスター法則は兵力の少ない「小」と多い「大」とでは勝ち方の原則が異なることを示しました。「小」は第1法則が適用する戦い方を選ぶべきであり、「大」は第2法則が適用する戦いを選ぶべきです。

　ここから経営における弱者と強者の戦略が導き出されました。ここで注意することは、戦闘では兵力数すなわち規模の大と小とで原則が異なりましたが、経営では勝ち負けの判定基準はシェアであることです。勝っている1位と負けている2位以下とで区分しています。

**　弱者の基本戦略……差別化戦略**
**　強者の基本戦略……ミート戦略**

　「小」の勝ち方の原則の「武器の性能」を高めることをビジネスに置き換えると「差別化」となります。他社にはない独自の商品や売り方、他社よりも優位な商品や売り方です。**差別化とは独自**

23

性・優位性です。

　「大」もよりよい武器をもったほうがよいが、兵力数が多いので、同等以上の武器であれば勝ち抜けることを「ミート」と応用しました。ミートとはジャストミートのミートです。ミートは主に会うという意味ですが、迎え撃つ、対抗するといった意味で使っています。**弱者の差別化に対策を講じ封じ込める**という意味です。**差別化のマネをすることで差別化を打ち消すことが最も代表的なミート戦略**です。

　改めて申すまでもなく、企業と企業は戦っています。戦略とは打ち手の繰り出し合いです。弱者であるＡ社が差別化したら、それに対して強者であるＢ社はミートするといったことが日常的に起きているのです。強者のミート戦略の例を先に示し、その後、弱者の差別化戦略の例を解説します。

━ トヨタのミート戦略　対　ホンダの差別化

　2009年2月にホンダはハイブリッド車のインサイト（第2世代）を発売しました。当時のハイブリッド車といえばトヨタのプリウス（第2世代）くらいしかありません。このとき電気自動車は未だ商用化されていません。プリウスは233万円で販売する価格帯的には中級車でした。インサイトはプリウスよりも軽量で小型、そして189万円という大衆車並みの価格で差別化します。発売からすぐに販売台数を伸ばし、新車販売台数1位を獲得します。

　これに対してトヨタはハイブリッド車のプリウス（第3世代）を3カ月後の5月に発売します。第2世代よりも燃費性能がさらに上がり、車の仕様のグレードも高いので誰もが233万円以上になると思っていました。ところが、トヨタはこれを205万円で発売します。性能も仕様も向上したのに安く売るという驚くべき意思決定です。

　さらに、5月に第3世代プリウスの発売をもって終売した第2

プリウスを6月から再発売します。ただし、販路はタクシーなどの商用車に限定しますが。その価格は190万円です。1カ月前まで233万円で売っていた車を20%超の大幅値下げしています。

また、第3世代プリウスはトヨタの全販売チャネル（カーディーラー）で売ることにします。トヨタのディーラーは数が多く、営業地域も重なるため、系統によって取扱い車種を分けています。その基本方針を破って、全ディーラーでプリウスを販売しました。

その結果、トヨタは新車販売台数1位をすぐに獲得し、その後もプリウスはよく売れ続けます。一方のインサイトは2014年に終売しました。

4月まで233万円で第2世代プリウスを買ってくださった顧客を裏切るようなやり方に疑問を感じる読者もいるでしょう。同じ地域で複数のディーラーが扱ったことによるディーラー間の共喰いも起きたことでしょう。それでもトヨタが徹底したミート戦略を行ったのは、「ハイブリッド車といえばプリウス」とのブランドイメージ（代名詞効果）を維持強化したかったのだと筆者は思います。そしてそれは成功しました。

― マクドナルドのミート戦略対バーガーキングの差別化戦略

2007年6月8日、バーガーキングが日本に再上陸します。バーガーキングはアメリカで2位のハンバーガーチェーンです（1位はマクドナルド）。再上陸というのは一度、日本に進出したが定着せずに撤退したことがあるということです。二度も失敗することは許されません。

バーガーキングの差別化ポイントはマクドナルドなどの他のバーガーショップと比べてハンバーガーのボリュームがあることです。当時、ギャル曽根などの大食いタレントが世に登場し、デカ盛りメニューが日本で話題になっていました。ボリューム満点のメニューで差別化することは時流に乗った戦略です。

さかのぼること半年、07年1月12日、マクドナルドは「メガマック」を市場に導入します。デカ盛りバーガーです。同社はバーガーキングのデカ盛りの差別化をあらかじめミートしたとは一言も云っていません。多くの人は世の中でデカ盛りが話題になったから時流にのったメニューなのだろうと思ったことでしょう。

　バーガーキングとしては自社の差別化が封じ込められたと思ったことでしょう。同社は07年6月8日の開店日に話題となる目玉商品が欲しいところです。そこで開発したのがテリヤキ味のデカ盛りバーガーです。アメリカ本国にはない日本限定メニューとして投入します。

　バーガーキングが開店する6月8日の直前、マクドナルドは6月8日よりメガマックのテリヤキ味を発売すると発表し、その通り発売します。同社は一言もバーガーキングを意識したとは云っていませんが、読者はこれを偶然と思われますか？　筆者は典型的なミート戦略であろうと考えています。

　その後の両社の状況は店舗数で比較すると、マクドナルドは国内2,937店、バーガーキングは国内154店（2022年時点）と、約20倍の開きがあります。

　それにしてもなぜ、マクドナルドはバーガーキングの打ち手をあらかじめ読んでいたのでしょうか。筆者が気になったのはバーガーキングの再上陸一号店の場所です。東京新宿のアイランドタワーという高層ビルの下のショッピング＆飲食フロアです。このビルの上層階を3フロア、長年借りて本社としているのがマクドナルドです。なぜ、バーガーキングは敵の本丸の足元に出店したのでしょうか。自社の情報が伝わる危険性や、挑発されたと感じて本気で撃退される危険性があってもここに出店する理由があったとは筆者には思えません。

　さて、二つの事例で強者が恐ろしい力をもっていることは伝

わったと思います。真正面から全面対決をする同質的な競争に弱者に勝ち目はありません。同質的な競争に持ち込むのが強者のミートです。弱者は同質的ではなく、異質的な競争に持ち込まない限り、勝ち目はありません。それが差別化戦略です。4つほど弱者の差別化事例を解説します。差別化の思想や手法を感じ取っていただきます。

2 | 弱者の戦略事例

━ 黒霧島──戦略とは捨てること

　いま、焼酎のトップブランドは黒霧島です。黒霧島を擁する霧島酒造の売上高が焼酎市場で1位となるのは2012年です。1998年の黒霧島の発売以前の同社は地元の宮崎県を中心に販売する焼酎業界8位程度の中小企業でした。黒霧島という1つの商品の大ヒットで弱者大逆転を果たします。

　かつて焼酎といえば芋焼酎でした。「薩摩白波」を擁する鹿児島の薩摩酒造がロクヨンのお湯割り（焼酎6対お湯4の割合のお湯割り）を流行らせます。ただし、芋焼酎は旨味の強い酒ですが、独特な香りがあります。いわゆる「芋臭さ」です。食事をしながら飲む酒としては主張が強すぎることから、麦、そば、米などの芋以外の原料を使った焼酎が普及していきます。これら伝統製法でつくる本格焼酎（乙類焼酎という）のほかに酎ハイやサワーの素となる甲類焼酎もあります。

　98年時点で乙類焼酎の市場環境は次の通り。麦焼酎「いいちこ」を擁する大分の三和酒造がダントツのナンバー1。2位・3位争いをするのが芋焼酎「薩摩白波」を擁する鹿児島の薩摩酒造と、そば焼酎「雲海」を擁する宮崎の雲海酒造。その下に麦焼酎の二階堂（大分）と米焼酎の白岳（熊本）や霧島酒造が位置付けられました。霧島酒造は年商82億円。乙類焼酎業界で8位でした。宮崎県の市場シェアはナンバー1でしたが、経営規模で勝る雲海や甲類の宝酒造やサントリーらの攻勢を受けていました。県外では芋焼酎が伸び悩んでおり、薩摩白波が強い環境です。

　そこで霧島酒造は食中酒に向く芋焼酎を開発することにします。黒麹を使えば芋臭さを大幅に減らした芋焼酎ができるのでは

ないかと取り組み、完成したのが「黒霧島」です。

　従来品の「霧島」と比べて芋臭さは半減しました。トロッとした甘みとキリッとした後切れのある味から「トロッとキリッと黒霧島」のキャッチフレーズが生まれました。黒豚、黒酢…と当時の南九州では「黒」がブームでした。時流にのって「黒霧島」のネーミングと、黒地に金をあしらった個性的なボトルデザインとします。

　初年度は地元宮崎県での限定販売。発売即ヒットとはなりませんでしたが、アルコールに弱い女性でも黒霧島の水割りなら飲めるという消費者の声が届きはじめて売れ始めます。発売から14年後に日本一のメーカーになります。

　馬場燃著の「黒霧島物語（日経BP社刊）」によると、黒霧島の発売について社長の江夏順行氏は「ランチェスター戦略を意識した」とのことです。

　同書に黒霧島と従来品の霧島の味の違いが示されています。甘み、まるみ、原料香（芋臭さ）、後切れ、うまみ、の5点を比較しています。従来品の霧島は5点とも充実しています。良くできた酒です。これに対して黒霧島は、甘み、まるみ、後切れの3点が優秀な霧島をさらに上回っています。一方、原料香（芋臭さ）、うまみは半減しています。

　霧島酒造は芋臭さを大幅に減らすために、うまみを犠牲にしたのです。「肉を切らせて骨を断つ」とのことわざがありますが、うまみを犠牲にしてでも芋臭さを減らすという意思決定をよくできたものと思います。何かを得ようとするなら何かを捨てなければならないことがあるのです。本事例から**「戦略とは捨てること」**であることが学びとれます。

━ スバル──戦略とは、あるもの探し

　スバル（旧富士重工）は名門の大企業ですが、2008年頃まで長らく低迷が続いていました。どのようにして優良企業として甦ったのでしょうか。

　戦前に戦闘機をつくっていた同社はその優れた技術力を活かして乗用車のみならず、鉄道車両やバスなど、様々な輸送機を生み出してきました。ですが、どの分野でもシェアを伸ばせていませんでした。ランチェスター的には大きい弱者となります。そこで同社は乗用車に集中し、かつて「てんとう虫」の愛称で一世を風靡した軽自動車からは撤退します。事業領域を普通乗用車に絞り込み経営資源を集中させました（祖業の航空事業は継続）。

　それまでのスバル車は競合他社のベンチマークを行っており、燃費、デザイン、価格などを他社と比較し、劣っている項目をテコ入れしてきました。しかし、自社の弱点を克服しているうちに、他社も進歩するので、いつまでたっても追いつきません。そこで当時の吉永泰之社長は方針を転換します。**全項目を平均的に改善するのではなく、強い項目をトコトン強くする一点突破のダントツ発想**です。

　では、何を強くするのか。同社は「スバルらしさ」とは何かの議論を重ねます。航空機がルーツであることから高い技術があります。安全性と走行性能・操作性については格上のライバルに劣るものではありません。スバルらしさとは「安心と愉しさ」であると定義し、開発されたのが「ぶつからない車　アイサイト」です。

　ぶつからないという画期的な車はできました。あとはこれをどう売るか。同社は北米の寒冷地では比較的シェアが高い。元もとは過酷な環境下でも安全に走行できる性能によるものでした。しかし、ライバル会社に比べて小さいがゆえの販売力の弱さで、いつの間にか価格訴求とディーラーへの販売奨励金でシェアをつく

るようになってしまっていました。

アイサイトは圧倒的に差別化された車です。価値や魅力を訴求していくマーケティングに変更します。これにより、同社は売上のみならず利益も大幅に改善し、優良企業として甦りました。ただし、その後は後発メーカーのミートが相次いでいます。アイサイトだけがぶつからないわけではなくなります。一つのヒット商品だけで永続的に繁栄することは稀です。

人間というものは「ないものねだり」をしたくなるものです。ライバルよりも劣っていることは何とか追いつきたいと思うものです。バケツの底が抜けているような欠点は補う必要がありますが、テコイレ発想では勝てません。

勝つためにはズバ抜けたことを何か一つ作り出すことです。それには、いまある強みを磨き上げるのが最も効果的です。**戦略とは「ないものねだり」ではなく、「あるもの探し」です**。あなたの会社や取扱い商品の**武器（強みや魅力や個性）**は何ですか？　あなたの武器は何ですか？

■ 福永雅文──弱者は万人受けを狙うな

筆者もコンサルタント会社を経営する社長です。自分自身のことを書くのは気恥ずかしいのですが、ランチェスター戦略をどのように活用してきたのか、事例として解説します。コンサルタント会社や広告会社で働いてきた筆者は1999年、36歳のときにコンサルタントとして独立しました。志は高くても競争条件が不利な会社を、ランチェスター戦略を指導原理にして支援していこうとの想いで独立しました。

しかし、創業当初の筆者にはキャリアや実績が充分になく、生活を成り立たせるために何でもやっていました。生活は成り立ちましたが、それでは何のために独立したのかわかりません。

そこで2001年以降、筆者は**差別化、集中、接近戦**に取り組み

ます。まず、株式会社を設立し、社名を「戦国マーケティング株式会社」としました。ビジネスは戦であるとの信条と、歴史が好きだからとの趣向と、ランチェスター弱者の基本戦略の差別化を社名に取り入れようとの意図です。

「戦国」という言葉を社名に入れる会社はありません。インパクトはあります。印象に残ります。ただし、キワモノ扱いされることもあります。そんなときはどうするか。ズバリ諦めます。**弱者は万人受けを狙ってはなりません。**一部で圧倒的な支持が得られればそれでよいのです。

社名を決めたら名刺をつくります。そのとき自分の肩書を「ランチェスター戦略コンサルタント」とつけました。それまではマーケティングコンサルタントでした。マーケティングコンサルタントを名乗る人は日本に数えきれないほどいると思います。ランチェスター戦略コンサルタントを名乗る人は数えられると思います。大きな海の小さな魚だった私が小さな池の大きな魚を目指したのです。肩書の**集中**です。

自己紹介の挨拶の仕方も差別化しました。

**　小が大に勝つ、弱者逆転することを使命としまして、わが国の競争戦略・販売戦略のバイブルともいわれるランチェスター戦略を伝道しているコンサルタントの福永です。**

このように挨拶するようにしました。このような差別化された自己紹介法を筆者は「15秒プレゼン」と名付けて、若手ビジネスパーソンにその作り方を伝授し、普及させています。第六章で事例紹介します。

ランチェスター戦略の専門家であると名乗った筆者に、ランチェスター戦略の仕事が少しずつ増えていきました。ある程度の

実績ができてきた03年、筆者はメールマガジンを発刊しました。お役立ち情報を提供しながら、自社でセミナーを開催し、自費出版の小冊子を販売しました。**接近戦**です。

04年、日本実業出版社のビジネス書の著者発掘オーディションで採用され、翌05年に初めての著書「ランチェスター戦略『弱者逆転』の法則」が発行され、ロングセラーとなりました。同年、所属しているランチェスター協会では理事研修部長に就任。コンサルタントの責任者になりました（22年まで長く研修部長を務め、23年より役員特任講師）。

著書発行以来、ランチェスター戦略コンサルタントとして量的にも質的にも大変充実した仕事をしています。著書も本書で14冊目です。

筆者自身がランチェスター戦略を実戦し、その成果を実感しています。本書は筆者の実体験に基づいて書いています。

■ メガネスーパー──価格でとった客は価格でとられる

百貨店のメガネ売り場はどの店でも宝飾品や時計などと同じフロアにあるものです。一昔前まではメガネは高級品でした。百貨店のような丁寧なサービスで販売するものでした。その常識を打ち破ったのがメガネスーパーです。その名が示すようにスーパーマーケットのように低価格で販売するメガネ市場のディスカウンターとして70年代以降、全国チェーン展開していきます。04年には上場し、07年には540店舗、380億円の規模にまで成長します。

ところが同社は08年より営業赤字が続き、債務超過に陥り、創業家が去り、12年より投資ファンドにより経営再建されることになります。「月満つれば則ち欠く」とのことわざ通りの凋落です。

なぜ、不振に陥ったのか。それはJINS、眼鏡市場、Zoffといった新たなディスカウンターに顧客を奪われたからにほかなりませ

ん。JINSらは企画から製造・小売りまでを一貫して行うSPA方式で、輸入品のフレームやレンズを使用します。フレームとレンズセットでいくらといった定額販売のビジネスモデルは、価格破壊をしたメガネスーパーよりもさらに安いのです。「**価格でとった客は価格でとられる**」とはこのことです。

再建にあたり、メガネスーパーは価格競争では太刀打ち困難なので、価値で売るしかありません。では、このとき同社にはどんな**武器（強みや魅力や個性）**があったのでしょうか。同社は「ないものねだり」ではなく「あるもの探し」をします。

かつての新興チェーンも時間が経過して、このときメガネスーパーの社員はベテランばかりです。2000年代以降に急成長してきたJINSらとは比較にならない目の知識、メガネの技術をもったベテランです。この「あるもの」を活かす。それは遠近両用世代のシニアや普通のメガネでは問題を感じる人をターゲットに、目とメガネをしっかりとケアすることで高くても売れる店になることです。かつてメガネスーパーが破壊していった百貨店のような丁寧なサービスで販売するビジネスモデルです。同社ではこれをアイケアサービスと名付けます。

たとえば、メガネスーパーは有料の検眼を推奨しています。60〜70分の時間をかけて60項目もの検査項目を5,000円で実施しています。遠近両用世代の筆者も受けてみました。満足のいくメガネができました。

見え方、品質、破損についての保証も充実しています。月額300円かかりますが3年間保証する制度もあります。目のマッサージサービス（有料）や老人ホームへの出張サービスなどサービスメニューが充実しています。これらの営業方針の大転換により2015年を底にして16年より売上・利益がV字回復していきました。

3 ｜ 差別化戦略の取り組み方と営業員の仕事

　4つの事例で差別化戦略とは何かは感じ取っていただけたと思います。差別化戦略を考えるうえで、次の4点が重要ということも伝わったと思います。

① 戦略とは捨てること

② 戦略とは、あるもの探し

③ 弱者は万人受けを狙うな

④ 価格でとった客は価格でとられる

　ここで差別化戦略づくりに取り組む方法を解説します。まず、自社や顧客企業やライバル企業の差別化戦略を理解します。次に自身が営業の仕事をする際にどのような差別化ポイントを訴求していけばよいのかを考えます。さらに、自身の活動を差別化する方法を考えます。

　差別化の手順は次の通りです。

① **自社の武器の棚卸しを行います。**武器とは強み、魅力、個性のことです。武器を明文化します。

② **ライバルの武器を明文化します。**

③ **自社と他社を比較し、どの武器を磨き上げて自社の差別化のポイントにするのかを決めます。**自社に甘く他社に辛くなりがちです。顧客の視点で客観的に行うことが大切です。**独自性・優位性のある武器が差別化**です。

━ 5つの武器

　武器の棚卸しはどのような切り口で行うのがよいか。筆者がお奨めしているのは5つの切り口です。①商品　②価格　③利便性

④関係性　⑤共感性です。この5つは**顧客が他社ではなく自社を選ぶ理由**です。強者も弱者も顧客から選ばれる**絶対的な武器**が必要です。なければ選ばれませんので。これに加えて弱者は他社にはない独自性や他社より優れている優位性のある武器が必要です。**相対的な武器**です。

図表2-2 顧客が他社ではなく自社を選ぶ理由

Key Buying Factors （重要購買決定要因）

KBF	要素
1.商品	機能、性能、品質など狭い意味での商品力
2.価格	安さ、費用対効果、保証、価格以外のコスト、価格への納得感や信頼性、リーズナブル・値ごろ感
3.利便性	使い勝手のよいもの、面倒見のよい対応・サービス、24時間365日対応やクイックレスポンス
4.関係性	わかってくれる安心感、一貫体制の安心感、人間関係・信頼関係
5.共感性	会社や社員に共感できる。ブランドイメージ、知名度、好感度

━ 商品の差別化──STPマーケティング

　商品の差別化に取り組むにあたり、基本的な理論として知っておきたいのがSTPマーケティングです。アメリカのマーケティング学者のフィリップ・コトラーが提唱したマーケティング手法です。STPとは、Segmentation（セグメンテーション）、Targeting（ターゲティング）、Positioning（ポジショニング）のことです。

　セグメンテーションのセグメントとは「部分」という意味です。マーケティングでは「市場区分」という意味で使います。

　市場を細分化する「切り口」が重要です。消費者を対象としたビジネスの場合、「都市郊外に暮らすゆとりあるシニア」などと年

図表2-3 STPマーケティング

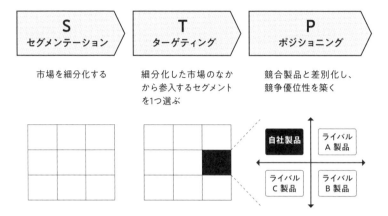

齢・性別や居住地や所得・資産などで区分しますが、その切り口だけだと差別化するのが困難です。どの会社も似たようなことになります。

　他社と差別化するためにSTPを行っていることを忘れてはなりません。**顧客のニーズに着目して、ライフスタイルや趣味嗜好や価値観を切り口に加えることで他社と差別化しやすくなります。**

　法人を対象としたビジネスは、顧客の購買基準です。①商品　②価格　③利便性　④関係性　⑤共感性は、それを示しています。

　セグメンテーションが済んだら、そのセグメントのなかから狙うべきセグメントを選びます。それがターゲティングです。メガネスーパーの場合は「遠近両用世代のアイケアのニーズ」をターゲティングしたと筆者は分析します。

　ポジショニングとは位置取りです。顧客の頭のなかで、自社を他社とは異なるポジションに位置付けることです。筆者はメガネスーパーは図表2－4のように顧客ニーズをファッション性のアイウェアと医療性のアイケアを横軸の両極とし、縦軸に高価格と

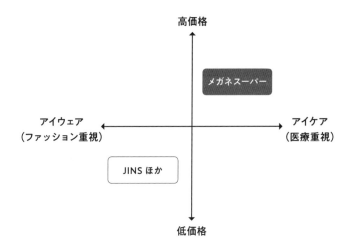

低価格を両極にしたポジショニングマップに自社と競合を位置付けたものと思います。

　JINSなどのSPA方式の3プライスチェーンとは真逆にポジショニングできます。差別化できました。

■ 価格の差別化──安売り競争は差別化ではない

　第1章の冒頭で日本のGDPは年平均0.7％しか成長していないことを示しました。この長期停滞の大きな要因がデフレです。消費者物価指数は1992年から2022年の間、年平均で0.3％しか上昇していません。長くデフレが続けば経済が成長するはずがありません。マクロ的には安売りは国家国民のためにならないのです。

　ただし、個別企業が適法な範囲で安く売る競争をすることは許されます。2002年、マクドナルドはハンバーガーを一個59円で発売します。その後、ロッテリアは経営破綻し、バーガーキングは日本撤退します（両社ともいまは再建されている）。マクドナルドの安売り競争の影響もあったと筆者は分析しています。

　つまり安売り競争は強者の戦略です。強者のバイイングパワー

（大量だから安く買うことのできる力）があって、大量に販売することで仕入れ以外のコストも下げることができるから、安く売っても利益がでるのです。薄利多売商法です。

弱者は多売できません。多売できない弱者が薄利では利益は出ません。したがって、安売り競争は弱者には不向きです。

ビジネスモデルを変えれば安く売ることができます。仕入れ販売していたメガネスーパーに対してJINSらはSPA方式のビジネスモデルにしたから安く売っても利益が出るのです。**ビジネスモデルを変えて価格帯を変えることは差別化だが、消耗戦型の安売り競争は差別化ではないことを覚えておきましょう。**

価格競争を避け、価値で競争するのが差別化の王道です。価値とは顧客の歓びです。消費者なら幸せ、法人なら成功といった歓びです。メガネスーパーは「アイケア」という価値で差別化しました。

■「価格で負けた」というのをやめよう

会社の営業会議で営業員は自身が見積りした案件の受注・失注について報告するでしょう。失注の場合は担当営業員より失注理由が告げられます。その理由で多いのが「価格で負けた」です。価格で負けたことは事実なのでしょう。しかし、事実だとしても真実とは限りません。

顧客の真実は、いまの、あなた（営業員）の、この提案では発注できません、ということだった可能性に思いをはせてください。厳しいけれど温かい発注者なら、なぜダメだったのか、どうだったらよかったのかを教えてくれるかもしれません。しかし、多くの発注者は具体的な失注理由を営業員に伝えるのは面倒に感じるものです。営業員を傷つけたくないと考える甘いけれど冷たい発注者は「他社の方が価格が安かった」とあなたに伝えてそれ以外は何も言ってくれないでしょう。

会議で失注理由を価格といっておけば、上司の追及をかわすことができるかもしれません。しかし、その場はしのげてもビジネスパーソンとしての成長はありません。

顧客が他社ではなく自社を選ぶ理由は①商品 ②価格 ③利便性 ④関係性 ⑤共感性の5つです。価格はその一つですが、すべてではありません。差別化の王道は価格競争を避け、価値で競争することです。成長したいのなら、これからは価格を言い訳にすることなく、「**価格以外の、商品、利便性、関係性、共感性の自社の差別化を顧客に納得していただけなかった**」と考えるようにしましょう。失敗を糧に成功を目指す、そういった成長意欲が伝われば、仮に今回失注してしまっても上司があなたに失望することはありません。

■共感性の差別化——ブランド力＝想起の率×認知の量

顧客の利便性、顧客との関係性は営業員（担当者）であるあなた自身の手腕で差別化できることの多い要素です。第3章で接近戦や第5章で営業戦略を詳しく解説します。

5つ目の顧客が他社ではなく自社を選ぶ理由は「共感性」です。顧客の頭のなかにある自社や担当営業員への主観的なイメージが好ましいものか、どうかということです。

その企業や商品の顧客の主観的なイメージのことをブランドといいます。他の企業や商品と区別する要素（ネーミング、ロゴ、キャッチコピー、デザインなど）と体験（コンタクト体験）に顧客が接した際にブランドを思い起こすことをブランド認知といいます。

ブランドというと鞄のエルメスや時計のロレックスなどの高級ファッションブランドが思い浮かびますが、大衆的で日用的なものも含めます。産業財の会社でもブランドイメージは大切な差別化要素です。

通りすがりにセブンイレブンの看板を見たとき、あなたはセブンイレブンがあることを認知します。セブンイレブンを認知できない人は日本にほとんどいないと思います。認知率は100%近いでしょう。コンビニのなかにはチェーン店ではなく独立系の個人店もあります。看板をみても認知できない店もあります。

顧客のニーズが発生した際に、そのブランドを思い起こすことをブランド想起といいます。たとえば、お昼どきに今日はコンビニ弁当でも食べようかと思ったとき、あなたはセブンイレブンを想い起こしますか？　それともファミリーマートか、ローソンか？　想い起こした店がブランド想起されたといいます。100人中に40人がセブンイレブンなら想起率40%です。

ブランド認知の量を増やし、ブランド想起の率を高める企業のブランドづくりのことをブランディングといいます。

ランチェスター戦略の専門家である筆者は、ランチェスター法則を応用して次のように捉えています。

ブランディング　＝　想起の率　×　認知の量

第一に知られることです。認知の量を増やします。第二に想起されることです。想起される割合（想起率）を高めます。そして第三に望ましいイメージをもってもらうことです。独自性・優位性あるイメージです。これが差別化です。

─ 顧客のブランド体験を望ましいものするのが営業員の仕事

営業員の仕事は自社や商品のブランド要素（ネーミング、ロゴ、キャッチコピー、デザインなど）を適正に使用することと、顧客のブランド体験を適切に行うことです。

社用車の外面が汚れている、社用車のなかが散らかっている、社用車の止め方が雑だと、ブランド要素を適正に使っていないこ

とになります。

　ブランド体験とは購入した商品の使用時のみならず、購入前や購入後の営業員とのコンタクトも含めます。営業員とのリアル商談、オンライン商談、メール、電話、手紙ほかのコンタクトにおいて望ましいイメージをもってもらうことが営業員の仕事です。

　望ましいイメージとは信頼、共感、そして誇りです。信頼とは過去の実績に対する信用と、未来への期待です。約束は守るといったことの積み重ねが信用を築きます。共感とはそのブランドがもつ世界観や物語です。どんな世界をつくりたいのか、理念やブランドのコンセプトに共感がもてるのか。そして誇りとは、そのブランドに対してあこがれのイメージがあり、顧客がそのブランドを所有し使用することで自信がつくといったことです。

　筆者は令和時代の営業員は、これらの**自社の望ましいブランドイメージを顧客や社会に対して普及啓蒙していく伝道者**であるべきと思います。これをエバンジェリストといいます。デジタル化が伸展すると従来の営業の仕事の多くが自動化されていきます。人間でしかできない仕事をしていかなければ淘汰されていきます。

■ 事業の定義と顧客層の差別化

　かつてメガネは百貨店のような丁寧なサービスで販売する高級品でした。それをスーパーのように簡便なサービスで安く売ることで成長したメガネスーパー。当時の同社の事業を定義するなら、その社名の通り「メガネスーパー」といえます。

　その安売り商法の上をいったのがJINSらのSPA方式でした。メガネスーパーらのかつての安売り商法のチェーンを圧倒します。ですが、安売りは市場を縮小させてしまいました。競争も激しくなりました。成長が踊り場にさしかかります。

　再び成長軌道に乗せるためJINSはスマホやゲームやパソコン

を長時間行う人がブルーライトで疲れ目になっていることを緩和させるメガネを発売します。JINS PCです。

JINSは自社の事業を「視力矯正器具の製造販売業」とは捉えずに「機能性アイウェア」と定義しました。近視・乱視・遠視といった視力を矯正するのではなく、目をパソコンから保護するものと捉えたのです。JINS PCは2011〜16年で累計700万本販売した大ヒット商品となりました。

価格でとった客を価格でとられて一度は破綻したメガネスーパーは遠近両用世代の「アイケア」を行うと事業を再定義して再建を果たしました。

共感性を考えるうえで、「事業の定義」は極めて有効な方法です。JINSは「機能性アイウェア」で、目が悪くない人に顧客層を拡げることができました。メガネスーパーは「アイケア」で遠近両用にミドルからシニア世代にメインの顧客層を転換しました。事業の定義は顧客層の差別化にも展開していきます。

第 3 章

弱者と強者の
５大戦法

1 | 弱者の一点集中主義と強者の総合主義

　弱者と強者は経営規模ではなくシェアで判定します。経営規模とシェアは必ずしも一致しませんが、多くの場合は、ヒト、モノ、カネ、情報、ブランドの経営資源は弱者が少なく、強者は多いです。経営資源の少ない弱者と多い強者はどう戦うべきなのか。

　弱者と強者にはそれぞれ5大戦法があります。差別化、ミートの基本戦略を具体的に推進する戦い方と、差別化とミートだけでは捉えきれない弱者と強者の戦い方です。

　弱者の5大戦法には①一点集中主義、②局地戦、③接近戦、④一騎討ち戦、⑤陽動戦があります。強者の5大戦法には①総合主義、②広域戦、③遠隔戦、④確率戦、⑤誘導戦があります。図表3-1

　弱者はランチェスター第1法則が適用する原始的・ゲリラ的な戦い方をするべきで、強者は第2法則が適用する近代的な戦い方をするべきことから導き出されました。元もとは軍事用語ですが、経営に当てはめて理論化しています。対比させながら解説するとわかりやすいです。順に解説します。

■ スモールマーケット・ビッグシェアの原則

　経営資源の少ない弱者と多い強者とでは資源の使い方が異なります。弱者は少ない資源でいかに効果的に戦うか。強者は多い資源でいかに効率的に戦うか。

　集中の重要性はよくいわれることです。重点を定め集中する意味で使われます。その通りですが、大切なことは**経営資源の量の優位性を築くために集中する**ことです。事業を集中し専業化する、地域、顧客層、商品の市場を集中することです。スバルは普通乗

図表3-1 弱者と強者の５大戦法

	弱者	強者
経営資源	**一点集中主義** ・量の優位を築くために集中	**総合主義** ・豊富な資源を有効活用 ・ときには物量戦
地域	**局地戦** ・地域の集中 ・小さな地域を重視	**広域戦** ・地域を限定しない ・大きな地域を重視
顧客	**接近戦** ・顧客やユーザーに近づく ・コミュニケーションの量と質の優位	**遠隔戦** ・接近戦の前に決着をつける ・広告、間接販売
競合	**一騎討ち戦** ・一対一の戦いを重視 ・競合一社ごとに対策する	**確率戦** ・自社の力を重複化 ・弱者に付け入る隙を与えない
	陽動戦 ・情報戦 ・ライバルが嫌がることをやる	**誘導戦** ・価格競争など先手で誘導 ・差別化 ・需要の喚起

用車に、筆者はランチェスター戦略コンサルタントに集中しました。

　売上を求めると地域、顧客層、商品を拡大したくなるのですが、大きな市場は強者が重視しています。競争が激しいです。**弱者は小さな市場で大きなシェアの獲得を目指す「スモールマーケット・ビッグシェアの原則」を忘れないでください。**

　強者の総合主義とは豊富な経営資源で事業を総合化、多角化することです。広告販促に物量を投入すること、営業に大量のマンパワーを投入する物量戦も総合主義の一つです。店頭販売事業の場合はマクドナルドがそうであるように最高立地に最大規模店を出店することも総合主義です。

― マグロといえば、すしざんまい──集中の効果

　マグロ大王とのニックネームをもつ「すしざんまい」を運営する株式会社喜代村社長の木村清さんを訪ねて筆者がインタビューしたのは2014年のことです。そのインタビューをもとに同社の戦略を解説します。

　木村さんは79年に開業します。アイディアマンで実行力のある木村さんは実に85種類もの事業に取り組んだといいます。しかし、1997年の金融危機のとき、銀行借入金を一括返済せざるをえなくなり、事業を清算します。手元に残った現金はわずか300万円。

　「築地に10坪の小さな寿司屋を始めました。お金がないので、はじめはカウンターもない店でしたが、築地で20年、水産・食品を扱っていましたので、一流の寿司屋と同等以上のすしネタを調達することができます。これを明朗な大衆価格で提供しました。店は繁盛します。これが『すしざんまい』の前身となる店です」と木村さんは語ります。

　小さいながら繁盛している寿司屋があることは話題になります。そして、木村さんに、築地に人を呼び寄せるために、寿司屋をもっとやってくれないかと築地の関係者から声がかかります。20年お世話になった築地の活性化のためならばと、本格的に寿司店のチェーン展開を始めることになります。2001年、「すしざんまい本店」が築地市場場外に開店します。

　「すしざんまい」のコンセプトは、お客さんを喜ばせる、働く人にも喜んでもらう、結果として会社が持続的に繁栄するというものです。

　高級な寿司店は確かに旨いけれど、高いし、いくらになるのか価格が不明瞭な店が多いです。外から店内は見えない造りになっていて、どんな客と一緒になるのかわからない。寿司職人はどん

48

な人なのか、威圧的な人だと注文しづらい……といった負のイメージがあります。一方で、回転寿司は安いし、価格は明瞭だけど、味は安いなりの店が多いです。

　すしざんまいは、価格は明瞭で、一貫ずつお好みで注文できます。回転寿司よりは高いけれど、回転しない普通の寿司屋としては相当に安い。それでいて、味は高級店と比べても遜色はありませんし、ネタの種類も豊富です。多売することで、薄利で成り立つビジネスモデルです。

　平均72品目、150アイテムのネタを途切れなく供給するために、築地市場のみならず、4つの仕入れルートを確保しています。

　なかでもマグロは一流です。青森県・大間産の本マグロを初競りで、最高級店と競り合って落札しているのですから、最高級店に引けをとりません。関東圏では人気ナンバーワンの寿司ネタはマグロです。「すしざんまい」はそのマグロで勝負しています。売上の実に4割弱がマグロです。

　次に、「すしざんまい」は、原則としてガラス張りで、外から店内の様子がよく見えます。そして、24時間、365日、無休です。いつ行ってもやっていないということがありません。不夜城・東京の生活に合わせた運営です。

　このような画期的な仕組みで繁盛した「すしざんまい」は多店舗展開を推進していきますが、ここで欠かせないのが寿司職人などのスタッフです。仕組みが良くても人がついて来られなければ飲食店は成り立ちません。木村さんは自社で寿司職人を養成する学校を2006年に設立します。

　従来、寿司職人は下働きから始めて、寿司を握るまでに数年かかり、5～6年で一人前となり、10年で独立する徒弟制度のような育成スタイルでした。薄給で長時間勤務の長い下積みに耐えられず、挫折する人も多いです。木村さんは寿司職人養成の常識を無視した学校をつくります。

3カ月の養成講座を修了すると、希望者は喜代村に入社し、3年を目途に調理師免許を取得してもらい、一人前です。その後、昇格試験を経て、早い人は3年で店長となります。店長の年収は650万円以上です。

　これらの仕組みと人材育成で、「すしざんまい」は多店舗展開を行います。築地を中心に東京各地に集中出店し、10年以降は全国展開も始めます。現在、58店舗。そして、2012年より初競りにおいて最高値で落札するマグロ大王が率いる店として、その知名度が全国区になります。初競りは大赤字になったものの、その宣伝効果たるや「マグロといえば、すしざんまい」とのブランドを確立したのですから、補って余りあります。

2 ｜ 弱者の陽動戦と強者の誘導戦

　陽動戦と誘導戦は競合に対しての弱者と強者の思想です。**陽動戦とはゲリラ戦**です。ゲリラは敵の情報を収集し、味方の情報は秘匿やかく乱する**情報戦**を仕掛け、敵のつけいる隙を見出します。大軍は勝って当たり前なので泥臭いゲリラ戦はやらないものです。だから弱者は**ライバルが嫌がること、面倒くさいことをやります**。標準規格品を流れ作業的に売る強者は、個別にカスタマイズする仕事は手離れが悪いために後回しにしがちです。そこに活路を見出すのが弱者の陽動戦です。

　弱者は攻めの戦略です。強者は弱者の攻めに対抗する守りの戦略です。ですが、守るだけでは活力が損なわれます。ときには**先手を打とう**というのが誘導戦です。第1にこちらに**有利な土俵に誘導すること**です。**低価格競争**が典型です。薄利でも多売できる強者ならではの戦略です。第2に**差別化**です。強者が独自性・優位性のある製品やサービスを発売してもよいのです。強者はオールマイティです。第3が**需要の喚起**です。用途開発など需要を活性化すれば強者が最もその恩恵を受けられます。

━ 吉野家 対 すき家・なか卯連合──陽動と誘導の打ち合い

　本書執筆中の2023年4月5日に牛丼チェーンの「なか卯」が看板メニューである親子丼並盛を税込み490円から450円に値下げすると発表し、翌日より実施しました。品薄で高騰する卵料理を値下げするというのです。皆が値上げや販売休止をするなか、とてつもない奇策を繰り出してきました。話題となってメディアで大々的に取り上げられます。

　その1週間後の12日に「吉野家」が広報発表をします。吉野家

は1年前の2022年4月から2カ月半の間、季節限定メニューとして親子丼を発売し400万食を売り上げました。今年も発売したかったが、鶏卵不足のため親子丼の提供は諦めて、その代わりに焼き鳥丼を発売するのこと。17日より並盛を税込み547円で。

　これから書くことは関係企業の公式な見解ではありません。筆者の見解や解説であることをお伝えしておきます。牛丼業界のパイオニアは吉野家ですが、20年前から1位はすき家、2位が吉野家、3位が松屋、4位がなか卯です（逆転の理由は後述）。なか卯はすき家を中核とするゼンショーグループの傘下です。すき家となか卯を合算するとダントツのナンバー1です。なか卯は単体では弱者ですがグループとしては強者です。

　単体としてのなか卯は牛丼では上位に太刀打ち困難なので親子丼とうどんに活路を見出した。親子丼はなか卯の看板メニューであり、生命線ともいえます。

　なか卯の生命線の親子丼に1年前に参入したのが吉野家です。かなりの成果を上げます。格下のライバルに対してミートすることは有効な戦略です。

　吉野家がさらに親子丼に注力すると、なか卯としては存亡の危機となりかねません。ここで値引きをすることで吉野家が利益なき消耗戦からの撤退を誘導することができると考えたのではないか。なか卯は単体では弱者だがグループでは強者です。そのバイイングパワーで鶏卵の確保と黒字提供が可能となったと思われます。そうだとするとすき家・なか卯連合の吉野家に対する「**誘導戦**」といえます。

　牛丼業界をつくったのは吉野家です。かつては独壇場でした。ところが1980年に倒産します。それは牛肉をフリーズドライに、つゆを粉末の素でつくるようにして味が変わったことによる客離

れが要因でした。急激な店舗拡大に原料の調達や店の運営が間に合わなかったためでしたが、肝心の味が支持されなければどうにもなりません。そのとき、吉野家から独立した社員が始めたのがすき家なのです。吉野家はその後、再建され、すき家がそれを追いかけていきます。

業界のパイオニアで首位だった吉野家をすき家が逆転したのは約20年前です。牛の病気で米国産の牛肉を仕入れられなくなります。すき家は豪州牛に切り替えて牛丼を提供しました。また、もともと吉野家に差別化すべく牛丼以外のメニューに力を入れてきました。吉野家が休業している間に逆転しました。

かつて味を変えて倒産したことのある吉野家は豪州牛では吉野家の味が出せないと判断したのでしょう。牛丼以外のメニューも味にこだわる吉野家としては開発に時間がかかりました。**すき家の差別化に対する吉野家のミートができず、首位交代となりました。**

1位となったすき家が約10年前に経営危機に陥ったことがあります。一人で店舗を運営するローコスト経営でしたが、過労で人が確保できず、運営が困難になったのです。直接のきっかけといわれたのは吉野家の発売した「すき焼き鍋定食」へすき家が追随したことです。鍋定食は丼よりも作業量が多い。破綻寸前だった運営にとどめを刺したのです。

吉野家がそこまで意図していたとするなら、「**陽動戦**」といえます。

━ ライバルと戦う4つの問い

スポーツでも囲碁将棋でも経営でもライバルと打ち手を繰り出し合って戦います。吉野家が親子丼に参入すればなか卯は値下げで対抗といった相互作用です。弱者の陽動戦、強者の誘導戦のいずれもライバルとの打ち手の繰り出し合いです。ライバルと戦う

4つの問いに答えることでヒントが得られると思います。

① 競合がやっていることで、自社ではやらないことは何か？
② 競合がやりたくないこと、やれないことは何か？
③ 自社にやられたら競合が嫌なこと、困ることは何か？
④ 競合にやられたら自社が困ること、嫌なことは何か？

　20年前、10年前、そして今回のすき家・なか卯対吉野家の攻防はライバルと戦う4つの問いに答えてみると理解できるでしょう。読者も4つの問いに答えてみてください。

3 局地戦、接近戦、一騎討ち戦

　ここまで、弱者と強者の５大戦法のうち、弱者の一点集中主義と強者の総合主義、弱者の陽動戦と強者に誘導戦について解説しました。ここで残りについて解説します。そして弱者と強者の基本戦略と５大戦法について弱者中心に理解を深める事例を解説します。

■ 弱者の局地戦、強者の広域戦

　経営資源の少ない弱者が一点集中すべきことの第一に地域が挙げられます。地域を狭い範囲に集中することや、島や盆地のような他の地域と分断された市場規模の小さな地域を重視することを**弱者の局地戦**といいます。

　経営資源の豊富な強者は地域も総合主義で考えればよいです。地域を限定せずに全国さらにはグローバルで事業を行うことや、大都市圏や平野部のような市場規模の大きな地域を重視することを**強者の広域戦**といいます。

■ 弱者の接近戦と強者の遠隔戦

　接近戦・遠隔戦は元もと軍事用語で、敵と近づいて戦う接近戦と離れて戦う遠隔戦です。接近戦は一対一で戦うこととなり物量が多い強者の強みが発揮しづらいです。だから強者は接近戦になる前に豊富な物量で決着をつける空爆などの遠隔戦を重視するのです。一方の弱者はゲリラ戦に持ち込んで不利な空爆（遠隔戦）を強者にさせずに一騎討ち型の地上戦（接近戦）に持ち込もうとします。

　この戦い方を経営資源の少ない弱者と多い強者の、顧客とのコ

ミュニケーションに応用したのが**弱者の接近戦と強者の遠隔戦**です。

　接近戦とは顧客・ユーザー・消費者に近づき関係を強化することです。間接販売より直接販売を重視します。間接販売の場合は**川下作戦や源流営業**を行い最終顧客に近づく方策をとります（第5章で解説）。顧客との人的なコミュニケーションの量と質の優位性を築くことが求められます。狙うべき顧客を集中する必要があります。**5つの差別化ポイントの顧客との「関係性」と、顧客への「利便性」を強化するのが接近戦**です。

　強者は人的なコミュニケーションが不要というわけではありません。軍事と同様に一騎討ち型の商談（接近戦）になる前に決着をつけることに取り組みます。広告で認知度と好感度を上げて指名買いを促進することや、広告で反響をえた顧客と商談する反響営業をすることです。また、強者はトップブランドで売りやすいので代理店や卸売会社を経由して販売する間接販売が向いています。

■ 弱者の一騎討ち戦、強者の確率戦

　一騎討ち戦と確率戦は競合に対しての弱者と強者の思想です。弱者の一騎討ち戦の第一は、一対一など**競合数の少ない市場や顧客を重視する**ことです。新規開拓では仕入れ先を1社が独占している先を優先して取り組みます。一対一の戦いの勝敗は五分五分ですから弱者にとってはチャンスです。

　一騎討ち戦の第二は、**競合会社別に対策する**ことです。自社のライバルをリストアップし、それぞれの強み・弱みを分析し、競合対策を行います。一騎討ち戦の第三は、**顧客ごとに対策する**ことです。1軒ごとの顧客内シェアを重視します。

　強者の確率戦とは自社の力を重複化させ、弱者のつけ入る隙をなくすことです。商品ラインをフルライン化すること、販売チャ

ネルを重複化させることです。

■ でんかのヤマグチ──接近戦の効果

かつてはどんなに小さな街にも電器店がありましたが、80年代からヤマダデンキやヨドバシカメラなどの家電量販店が全国展開していき、街の電器店は淘汰されていきました。価格の安さ、店の大きさと品揃えの豊富さ、立地、広告宣伝の物量において量販店には太刀打ちできなかったのでしょう。2000年代以降はネット通販も普及します。最安値をネットで検索する時代となりました。

半径3キロ圏の同一商圏内に、ヤマダ、ヨドバシなど大手家電量販店が6店も進出してきたにもかかわらず、したたかに生き残った街の電器店があります。東京郊外の町田市にある「でんかのヤマグチ」です。売り場面積150坪の店でハイビジョンテレビの売上累計1000台を突破した、日本一繁盛している街の電器屋さんです。絶滅危惧業種といわれる電器店でいかにして成功したのか。2008年に筆者が同社の山口社長にインタビューしたことをもとに解説します。

ヤマグチは1965年、ラジオやステレオの修理技術者であった山口さんが町田市の実家で家電修理業として独立しました。従業員は自分一人。店舗も電話も顧客もなし。あるのは車一台だけ。その唯一の資産である車に乗り、山口さんは「電化製品で何か壊れているものはありませんか？」と御用聞きに出かけます。もともと職人気質の山口さん、「恐る恐るドアをノックして留守だと、むしろほっとしたものでした」と当時を振り返ります。

高度経済成長の波に乗り、少しずつ業容を拡大。やがて、小さな店舗を構え、スタッフも雇用し、松下（現パナソニック）の系列店として小売りを始めます。当時は大量生産・大量宣伝・大量販売の「顧客拡大戦略」時代です。チラシを撒いて特売すればお

差別化戦略	・徹底的なアフターサービスで家電量販店に差別化 ・裏サービス（留守の見守り、ペットの餌やり、庭の水やり） ・「遠くの親戚より近くのヤマグチ」のモットーを実現
接近戦	・定期訪問とDMによる個別コミュニケーションの量と質で他社を圧倒。 ・新規客ではなく既存客を招いたイベントを毎週末開催し、顧客に最も近い存在感を築く
一点集中主義	・呼んだらすぐ来る、高くても面倒見のよい店を支持する店舗近隣。ゆとりはあるが機械に強くないシニア世代に集中。 ・3年以内に30万円以上購入客のみに訪問
一騎討ち戦	・安売りで増客する消耗戦（確率戦）型の市場シェア競争ではなく、減客しても、かかりつけ医のように全てをヤマグチから購入する顧客づくり。→顧客内シェア重視
局地戦	・定期訪問は店舗近隣に絞る
陽動戦	・効率重視の家電量販店が得意ではない「手離れの悪い仕事」を重視（使い方を丁寧に説明すること、個別対応、工事を伴うもの）

客さんがどんどん集まりました。しかし、ヤマグチはその路線ではなく、既存客を大切にする「顧客維持戦略」をとります。今と違って簡単に新規客を集客できた時代に逆張りの発想だったのは、なぜか。

　「修理を通じて築いたお客さんとの信頼関係を大切にしていけば、新製品もヤマグチから買っていただける。アフターサービスをしっかりやっていけば買い替えのときはもちろん、お客さんの紹介もしてくださる。だから既存客を大切にする御用聞き商法に徹していったのです」と山口さんは語ります（以下、発言は同氏）。

　しかし、従業員40名を超え、売上も15億円という規模にまで拡大した96年、ヤマグチは存亡の危機を迎えます。町田市とその南隣の神奈川県相模原市を併せると商圏人口は100万人にもなります。これを大手が狙わないわけはありません。町田市に大手

家電量販店が続々と参入してきます。山口さんは次のように考えます。

《従業員が数人の規模なら御用聞き路線で何とかなる。しかし、従業員数・年商ともに中途半端な大きさになり、財務体質が強いわけでもない。これは極めて危険な状況で、売上は3割程度は下がるだろう。それでやっていくには粗利率を上げなければならない。現在の25%の粗利率を35%にまで高めたい。すぐには無理だろうから10年かけて10%改善させれば何とか生き残れる。粗利を上げるために、これまで以上に徹底して顧客に密着しよう。それには今の御用聞き顧客数34000人は多すぎる。御用聞き係が22名で、1人あたり1500人前後を担当しているが、それを600人前後、総数を13000人に減らそう》

多くの経営者は危機に際してキャッシュフローの観点から売上確保に走ります。少々粗利を落としても顧客数の増加で売上を志向します。「安売り・増客・売上路線」です。これに対して山口さんは「高売り・減客・粗利路線」を採ったのです。創業以来の御用聞き商法の進化です。

まず、次の4つのモットーを打ち出します。①お客様に呼ばれたらすぐにトンデ行くこと、②お客様のかゆいところに手が届く、③お客様に喜んでもらうこと、④お客様によい商品で満足してもらうこと。

次に、営業担当者の成績はそれまでの売上から、粗利で評価することにしました。粗利で評価すれば担当者は安売りをしません。値引きを要求する顧客は離れていきますが、粗利が確保できないお客さんに時間をかけるより、大切なお客さんにトコトン尽くすことに徹します。

結果的に顧客を2万人以上捨てた上で、残った顧客をさらに格付けしました。それまで御用聞き担当者の裁量に任せていた訪問頻度をルール化します。図表3-3のように、顧客をお買い上げ

時期とお買い上げ金額で格付けし、最重要客には月に何度でも訪問し徹底的にサービスを行います。

　「『ハイビジョンテレビやDVDのリモコン操作がわからなくなったらお電話くださいね。いつでも操作方法をお教えにいきますよ』……こうした、かゆいところに手が届くサービス（最近は、かゆくなる前にかいて差し上げるサービスをするように指導していますが）は、家電量販店にはとてもできません。価格は少々高くても、安心料、便利代として考えればヤマグチのほうがよいと思う人がいて当然ですし、高齢化すればするほどそういう人が増えます。旅行にいくときに鍵を預け、ペットのえさやりを頼まれるお客様は当店では珍しくありません」

　御用聞きをする地域はもともと限定しています。お客さんの世帯主平均年齢は64歳です。現代の60歳代は経済的に豊かで消費意欲も、新しい家電製品への関心も高い。しかし、昨今の家電は進化したぶん、操作方法も複雑化していてわかりにくい。購買力も購買意欲もあるが、使いこなす自信がなくて買うのを躊躇している人が多いのです。そこに、御用聞き商法の「生き筋」がありました。

　御用聞きというと、顧客の言いなりになる印象があるかもしれませんが、ヤマグチの御用聞き係は、そうではありません。修理業が原点であるヤマグチは技術志向が高く、電化製品のプロという自負があります。顧客との雑談やお宅のなかを観察することで、顧客の電化製品への困りごと、使い方、期待などを察知します。そして、顧客自身も気づいていない潜在的なニーズをとらえた提案をします。

　御用聞き商法でヤマグチの売上は当初覚悟していた3割減の半分、15％減の年商12億円で下げ止まりました。粗利率は10年を待たずして35％を超え、今や40％に迫らんとしています。売れ筋はオール電化やエコキュートといった工事を伴う大型設備にな

図表3-3 ヤマグチの顧客の戦略的格付け

	最後に購入して 1年未満	最後に購入して 3年未満	最後に購入して 3年以上
累計購入金額 30万円以上	訪問は月1回以上 DMは月1回	訪問は2か月に1回 DMは2か月に1回	定期訪問はなし DMは3か月に1回
累計購入金額 30万円未満	訪問は2か月に1回 DMは2か月に1回	定期訪問はなし DMは3か月に1回	何もしない

34,000軒のリストを格付けで13,000軒に絞り込み、御用聞き係22名で、1人600軒担当。
シニア世代中心

りつつあり、関連してリフォーム事業にも進出、リフォーム関係の売上比率は全体の20％近くにまで伸びています。築年数が30年を超える住宅がひしめく町田の需要は拡大の一途です。

かつて進出してきた大手家電量販店は次々と撤退し、今や大型店1店とヤマグチ以外の中型店が2店あるのみ。生き残るどころか、小さなお店の勝ち残り戦略の模範例といえば、「でんかのヤマグチ」といわれるまでになったのです。

4 | 5大戦法の取り組み方と営業員の仕事

■ H.I.S.──差別化×接近戦×集中＝ナンバー1

　第2章で弱者と強者の基本戦略を、本章で5大戦法について事例を挙げて解説しました。それらのなかで弱者がナンバー1を目指していくうえで重要なことが

差別化×接近戦×集中＝ナンバー1

　です。その戦略思想を旅行会社のH.I.S.の事例で解説します。その後に、営業員の取り組み方を解説します。

　澤田秀雄さんがH.I.S.の前身会社を創業したのは1980年です。1ドル230円だった当時、海外旅行をする人は国内に400万人しかいませんでした。海外に慣れていない日本人はJTBなどの大手旅行代理店の団体旅行で旅行するのが普通でした。

　創業前に澤田さんはバックパッカーとして世界中を旅してまわりました。バックパッカーとはバックパック（リュックサック）を背負って低予算で個人旅行をする人のことです。若者に世界を体験してもらいたいと考えた澤田さんはバックパッカーのための航空券販売事業を立ち上げます。

　当時の日本の航空会社の航空券は価格が高く一律的でした。それに対して海外の航空会社は探せば安いものが手に入りました。有名な航空会社は高いが無名は安い。正月やお盆の繁忙期は高いが端境期の閑散期は安い。直行便は高いが乗り継ぎ便は安い。安いチケットを買い付けて、お金はないが時間はあるバックパッカー旅行をしたい大学生に売り始めます。日本人に人気のあったハワイやグアムではなく、当時はバックパッカーくらいしか行く

人のいなかったインドや中国などに力を入れます（**差別化**）。

　創業の頃は時間があり、澤田さんはよく本を読んだとのことです。山岡荘八の歴史小説「徳川家康」や「孫子の兵法」、そして「ランチェスター戦略」などを。

　少しずつ規模が拡大していきます。バックパッカーだった学生を社員に採用し、旅慣れた先輩が後輩に説明会を開いてアドバイスをするようなコミュニティ的な販売方法をとりました（**接近戦**）。

　規模が拡大しても、航空券＋ホテル＋添乗などのパッケージツアーや国内のスキー旅行といった分野には進出せず、航空券販売事業に集中します（**集中**）。

　1989年、ついにパッケージツアーに進出します。円高が進み、日本の海外渡航者数は1,000万人を超えます。贅沢品だった海外旅行が普及期に入ったのです。

　ただし、この頃、H.I.S.が企画したのはJTBなどがJALやANAと組んで大量に送客していたハワイやグアムではなく、インドネシアのバリ島、フィリピンのセブ島、タイのプーケット島の新興ビーチリゾートです。航空会社もノースウェストなどの海外と組みます。ホテルも特定なところと組みます（**差別化×集中**）。

　添乗などの現地サービスは最低限にして価格は安く、若者向けの商品です。大学の門前でチラシを配って集客しました（**接近戦**）。こうして、バリ、セブ、プーケット……と一つひとつの旅行地でナンバー1をとっていき、95年には株式を公開し、大手の一角にまで成長します（**ナンバー1**）。

　98年以降、JTBなどの大手も個人旅行に力を入れ始め、低価格帯の商品も投入し始めます（ミート）。しかし、上場をしたH.I.S.はその資金力で国内外の拠点を増やし、旅行地を拡大し、サービスも拡充していきます。

　2005年には海外旅行の取扱い人数ではJTBを抜き、1位となり

ます。売上ではまだJTBのほうが上ですが、確固たる地位を築きました。

　コロナとなり大きく業績を落としましたが、ハウステンボスの売却などでしのぎました。コロナが落ち着きつつある23年より業績を回復すると予測されています。

━「差別化×接近戦×集中＝ナンバー1」の取り組み方

　「差別化×接近戦×集中＝ナンバー1」の取り組み手順を解説します。弱者の基本は差別化戦略です。まず差別化から考えます。差別化は自社の武器（強み・魅力・個性）の棚卸しから始めます。次に競合他社の武器について分析します。①商品　②価格　③利便性　④関係性　⑤共感性の5つの要素で整理をします。自社と他社を比較して、独自性・優位性のある武器に磨き上げ、質の優位性を築きます。これが差別化です。以上は第2章で解説しました。

図表3-4 差別化×接近戦×集中＝ナンバー1

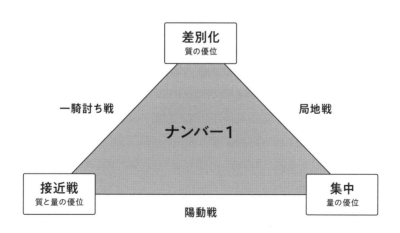

独自性・優位性があっても、顧客に他社ではなく自社を選ぶ理由がなければ顧客から選ばれません。どこの地域に、どのような顧客層がいて、どのようなニーズがあるのかを把握し、そのターゲットに対して自社の商品がもたらす価値を提案していかなければなりません。この顧客とのコミュニケーション活動が**接近戦**です。コミュニケーションの質と量の優位性を築きます。

強者と比べて経営資源が乏しい弱者が顧客とのコミュニケーションの量の優位性を築こうとすると、**集中**する必要があります。**地域、顧客層、商品を集中**することで集中した範囲で量の優位性を築くことができます。

地域×顧客層×商品＝ナンバー1

上記も覚えておいてください。集中するから顧客がわかる。ライバルがわかる。だからどのように差別化すれば勝てるのか、さらなる差別化の方向性が見えてきます。

つまり、差別化、接近戦、集中は個々バラバラの戦略ではなく、一体的に取り組むことで相乗効果を上げるのです。そして、集中した範囲で勝つことができます。圧倒的に勝ち、ダントツのナンバー1になれるのです。

■「市場の機会」を探すのが営業員の仕事

3C分析という戦略づくりの代表的な分析方法があります。コンサルタントの大前研一氏が提唱したものです。3Cとは顧客（Customer）、競合（Competitor）、自社（Company）です。筆者は3C分析を「市場の機会」を見出す手法として使います。顧客との窓口であり、競合の動きも知る立場にある営業員は、「市場の機会」を見出すことが大切な仕事です。

手順は、まずは顧客のニーズを把握します。顧客が発言するな

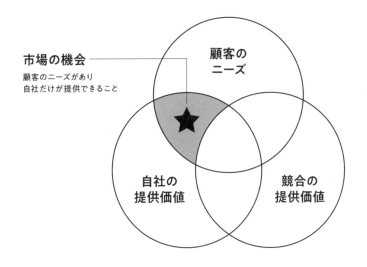

市場の機会
顧客のニーズがあり
自社だけが提供できること

顧客の
ニーズ

自社の
提供価値

競合の
提供価値

どはっきりしているニーズのうち、満たされていないことは何か（**未充足の顕在ニーズという**）。顧客が発言しないが本音のところにある隠れたニーズや、顧客自身も気づいていないニーズ（あわせて**潜在ニーズという**）は何か。

　次に、ライバル他社と自社の武器（強み・魅力・個性）の棚卸しです。他社は一社ごとに一騎討ちで分析します。

　最後に、顧客のニーズがあって、自社の武器で顧客に提供可能なことで、かつ、ライバル他社の武器では通用しないことは何かを求めます。他社も提供可能だと価格競争となります。他社が提供不可能で自社しか提供できないことを「**市場の機会**」といいます。簡単には見つからないかもしれませんが、常に3Cを意識しながら仕事をする営業員なら見つかるかもしれません。見つかればその顧客内での競争は圧勝できます。

第4章

市 場 シ ェ ア の 科 学

Market
Share

1 | 目的・目標・戦略・戦術

　ランチェスター戦略のルーツはランチェスター法則です。第1次世界大戦のときにイギリスで提唱された「戦闘の勝ち負けの方程式」です。そこから経営における弱者の戦略、強者の戦略が導き出されました。

　実は2つ目のルーツがあります。第2次世界大戦のときにアメリカで提唱された「戦争の勝ち負けの方程式」です。そこから経営における市場シェアの理論が導き出されました。ランチェスター戦略は世界で唯一、シェアを何％とるべきなのか、とったらどうなるのか、どれだけの差をつければよいのか、といったシェアの目標値を定めています。

　本章では、2つ目のルーツに触れたうえで、ランチェスター戦略の市場シェア理論をわかりやすい事例を交えて解説します。

━ 戦争の勝ち負けを方程式で示したクープマンモデル

　第2次世界大戦のとき、米軍は学者を徴用して作戦研究班（オペレーションズ・リサーチ・チーム＝ORチーム）を編成し、戦争を科学的・数学的に研究します。徴用されたコロンビア大学の数学教授B・O・クープマンらはランチェスター法則に着目し、研究・応用し、**戦争の勝ち負けを方程式で示し、法則化**しました。**クープマンモデル**（ランチェスター戦略モデル式、ランチェスター戦略方程式とも呼ばれるが、開発したのはF・W・ランチェスターではなくクープマンらORチームなので、筆者はこう呼ぶ）といいます。

　ORとは、現実の様々な問題を数理モデルに置き換えて、計算できる形にしようという学問です。大学の経済学部や工学部で専

攻した読者もいると思います。数学を使う経営手法ですので、文系と理系の中間的な学問です。

ランチェスター法則は戦闘の勝ち負けを方程式化した法則です。それに対して、クープマンモデルは戦争の勝ち負けを方程式化した法則です。戦闘の積み重ねが戦争になると考えるのは短絡的です。戦闘は一つの戦いです。戦闘が始まった時点の武器の性能と兵力の数量が変わらないことが前提です。それに対して戦争には時間の経過があります。時間の経過とともに各軍隊は兵士を養成し、武器・弾薬を生産し、前線に補給してきます。燃料や食料も同様です。生産や補給は戦争の勝敗に大きく影響します。

戦争に勝つには前線で敵軍を攻撃することとともに、敵の後方の生産・補給拠点を攻撃し敵の補給路を断つことも重要です。クープマンらは戦争力を敵軍と直接交戦する**戦術力**と、敵の生産・補給拠点を攻撃する**戦略力**に分けて捉えます。そして、ランチェスター法則を応用し、ゲームの理論の「最大最小の原理」を適用して戦争の勝ち負けを方程式化します。これがクープマンモデルです。

敵軍そのものを攻撃するよりも、敵軍の生産・補給路を断ち、自国の補給路を維持し生産力を高めることが重要であることがクープマンモデルの結論です。

■ なぜ、B29 は戦略爆撃機といわれるのか

クープマンモデルの結論から米軍は重たい爆弾を長距離運び、敵の生産・補給拠点を攻撃することのできる戦闘機B29を開発しました。B29は日本のゼロ戦のような敵軍と戦う戦術攻撃をする戦闘機ではありません。だから戦略爆撃機といわれるのです。原爆を運び、爆撃したのも戦略爆撃機B29です。

これに対して日本軍は、真珠湾攻撃で敵の軍艦を多数、撃破しましたが、軍需工場や燃料貯蔵庫などの生産・補給拠点にはほと

んど手をつけませんでした。このため米軍は速やかに軍艦を修理し復興することができました。7カ月後のミッドウェー海戦で日本軍を破るに到るのです。

日本軍は戦術力を重視し戦略力は軽視していたといわざるをえません。補給についても軽視していました。南方戦線では敵の戦術攻撃で戦死する兵士よりも補給不足で餓死・病死する兵士のほうが多い始末でした。

一 目的、目標、戦略、戦術

クープマンモデルは戦略と戦術を明確に区分し、**戦略のほうが戦術より重要**であることを示しました。この方程式を戦後、故田岡先生らが解析し、市場シェア理論を導きます。それを次項で解説するまえに、目的、目標、戦略、戦術について解説をします。

目的、目標、戦略、戦術はビジネスでもよく使う言葉ですが、目的と目標、戦略と戦術は言葉が似ているので区別がついていない人が多いように感じます。

目的の的とはマトです。最終ゴールです。何のためにそれを成すのか。会社の目的は利益の追求でしょうか？　そうではありません。**会社の目的は理念の追求**です。社会のなかで使命を果たし、理想を実現することです。利益は目的ではありません。しかし、不要ではありません。必要です。**利益は会社の目的を達成するために必要な条件**です。

目標の標は道しるべの標です。目的を達成するために、この期間にどこまで進めるのか。目的が概念的なものであるのに対して数値的なものです。目標とは目的実現に向けての達成水準です。筆者は大目標として中期経営ビジョンをもつことを推奨しています。**特定市場でナンバー1になる中期経営ビジョンを大きな目標**としていただきたいです。

戦略とは目標達成のためのシナリオと資源の最適配分です。シ

図表4-1 目的・目標・戦略・戦術

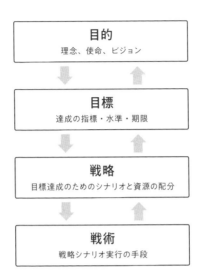

ナリオとは山登りのルートのようなものです。どのような行程で
目標を達成するのか。**いつ、どの地域の、どんな顧客に、何の商
品を販売することで営業目標を達成するのかがシナリオです。**シ
ナリオはヒト、モノ、カネ、時間といった資源を配分して実行し
ます。どんな優れたシナリオも資源がなければ絵に描いた餅。シ
ナリオと資源は裏と表の一つのコインのようなものです。

　戦術とは戦略シナリオ実行の手段です。シナリオをどのように
実行するのか。月に何回商談するのか、商談の中身や提案内容や
資料をどうするのか、商談の決定率をどのように高めていくのか
といったことです。**何をやるのかが戦略ならばどのようにやるの
かが戦術**です。いくら商談スキルが高くても商談相手を間違えて
いては成果は限定的です。**戦略の失敗は戦術では取り返せません。**

　目的が目標を、目標が戦略を、戦略が戦術を導きますが、目的
は目標によって、目標は戦略によって、戦略は戦術によって支え

られています。たとえば、戦略は目標ありきですが、目標は戦略的に決めるべきです。図表4－1の矢印が双方向なのは、それを意味しています。

会社には会社の目的・目標・戦略・戦術があります。会社の各部門、そして社員一人ひとりにもそれらがあります。

会社と部門と社員の目的・目標・戦略・戦術が個々バラバラだと力が発揮できません。連鎖させなければなりません。目指すべき方向を合致させます。**ベクトルを合わせる**と云います。

若手営業員である読者は会社と部門の目的・目標・戦略・戦術を理解したうえで自分自身の仕事の目的（志や夢）を確立して営業目標や個人の成長目標をもち、その達成の戦略と実行の戦術をもちます。大切なことなので5章と6章で詳しく解説します。

2 ｜ 敵を滅ぼさないほうがよい ——74％上限目標値

　1962年、故田岡先生はパートナーの社会統計学者の故斧田大公望先生と、クープマンモデルを解析して**74％**、**42％**、**26％**の市場シェア３大目標値を導き出しました（田岡・斧田シェア理論）。

　後に、故田岡先生は上記の３つを組み合わせ、**19％**、**11％**、**7％**、**3％**の４つを導き出し、**市場シェア７つのシンボル目標数値**（クープマン目標値とも呼ばれるが、導き出したのは田岡・斧田両先生なので筆者はこう呼ぶ）を体系づけました。世界で唯一のシェア目標値です。

　現在のシェアは何％かを把握して評価し、短期・中期・長期のシェアアップの目標に使う基準値です。

　74％を**上限目標値**といいます。74％を確保すれば、すべての競合他社を合わせても26％にしかならず、約3倍の差をつけた寡占状態です。「**3倍の兵力差は武器では埋まらない**」ことが軍事常識であることから、いかなる戦いも終結し、絶対的な一人勝ちとなることから市場シェアの最終目標値として位置付けられました。

　74％というと独占禁止法違反ではないかと思われるかもしれません。主な市場で一社が7割を超えるケースは稀です。世界の検索エンジン市場におけるグーグル、国内のハンバーガー店市場におけるマクドナルド、国内の炭素繊維市場における東レなどに限られます。大きな市場で74％を目指すことは現実的ではありません。

数値	名称	意味	目標
74%	上限目標値	絶対的に安全 100%には勝ち過ぎの弊害あり	2社間の競争と 顧客内の単品シェアと ニッチ市場の目標
42%	安定目標値	首位独走の条件 ナンバーワンの目安	3社以上の競争で、 標準市場の目標
26%	下限目標値	強者の最低条件 分散市場のナンバーワンの目安	標準市場の第1目標
19%	上位目標値	1位の射程圏内	市場参入時の中間目標
11%	影響目標値	黒字・赤字の分岐点 有名・無名の分岐点	市場参入時の中間目標
7%	存在目標値	カバー率の基準	市場参入時の中間目標
3%	拠点目標値	市場参入の基準	市場参入時の中間目標

74％上限目標値を目指すのは次の場合です。

・ニッチ市場の目標値は74％

・顧客内シェアの目標値は74％

・2社間競争の目標値は74％

　ニッチ市場で7割のシェアを超える企業は数多く存在します。市場規模150億円程度のお茶漬けの素の市場において、永谷園は70％以上のシェアをもっています。法人営業の場合は顧客内シェアが重要です。74％を確保すると他社が1つにまとまっても26％ですから勝利は確定します。ライバルが1社しかいない2社間の競争も74％をとれば、ライバルが26％で勝利が確定します。

━ 100％独占しないほうがよい理由

　それなら100％独占すればよいのではないかと思うかもしれません。しかし、1社独占は必ずしも**成長性・収益性・安全性**が高いとはいえません。

　シェア100％はライバルが全くいない無競争です。競争があるから各社、製品開発や営業活動や販促活動を行い需要が活性化され市場が拡大するのです。競争がなければ市場が縮小してしまいます。成長性が高いとはいえません。

　次に収益性です。シェア7割を超える会社は既に優良な顧客は確保し尽しているのではないでしょうか。これをさらに増やそうとする営業コストに見合うだけの利益が上がるかと問われれば、疑問といわざるを得ません。需要規模が小さすぎる先、移動に時間がかかる先、与信上の問題がある先、そういった未取引先ばかりが残ります。また、世の中には筆者のような判官びいき（弱者を応援する気風の持ち主）、あまのじゃくがいるものです。そんなアンチ派にまで支持を広げるのに開発・販促・営業にコストをかけるべきとは思えません。

　100％独占は代替品、新規参入の面で安全性が高いとはいえません。メーカーが完成品をつくるための材料や部品を調達する場合、1社からしか調達できない材料や部品は仕入れるメーカーにとってはリスクです。メーカーは代替品を探すのではないでしょうか。代替品によって市場そのものが無くなる恐れもあります。

　また、ランチェスター弱者の5大戦法の「一騎討ち戦」には新規市場参入や新規顧客開拓は1社独占先を狙えとの考えがあります。独占市場や1社が独占している顧客は、いま選択肢がない状況です。満足しているとは限りません。差別化もしやすいです。だから狙い目なのです。独占すると常に新規参入の影におびえなければなりません。

以上のように1社独占は必ずしも**成長性・収益性・安全性**が高いとはいえません。ライバルはいないよりもいてくれたほうがよいのです。しかし、そのライバルが強いと困ります。束になってかかって来られても余裕で返り討ちにできる3倍のシェア差がある74%こそが、成長性・収益性・安全性が最も高まることから上限目標値、すなわち、もうこれ以上は獲らないほうがよい上限の目標となるのです。

■ 十八銀行の合併——独禁法かオーバーバンキング解消か

2016年に長崎市に本店のある十八銀行と長崎県佐世保市に本店のある親和銀行が合併すると発表されました。親和銀行は既にふくおかフィナンシャルグループの傘下です。同グループは福岡銀行を盟主に熊本銀行と親和銀行を加えた国内最大級の地銀グループです。十八銀行は同グループ入りしたうえで親和銀行と統合するとの計画です。

長崎県内の二つの地銀が合併することで県内融資シェアが70%を超えることになります。公正取引委員会はその合併に待ったをかけます。強すぎる銀行の誕生は公正な取引競争を阻害するとの理由です。独占禁止法に違反です。

一方の金融庁は「日本の銀行は多すぎる。競争が激しく、効率が悪く、経営基盤が弱い。メガバンクのように合併統合を進め、各地域に強い金融機関をつくるべきだ」との考えをもっています。いわゆるオーバーバンキング解消です。

2020年に地銀同士の統合・合併は独禁法の適用除外とする法令が成立。同年、十八銀行と親和銀行は統合され、十八親和銀行が誕生しました。地域の金融機関は特例となりました。

■ 武田信玄と甲州印伝

戦国時代の名将・武田信玄が次のように語ったと伝わります。

　　勝負の事、十分を六分七分の勝は十分の勝なり。

　　子細は八分の勝はあやふし。

　　九分十分の勝は、味方大負の下地なり。

（「甲陽軍艦」から）

　現代語訳すれば次のようになります。「合戦の勝負というもの
は十のうち六分、七分の勝ちで充分である。八分の勝ちは危険で
あり九分、十分の勝ちは味方の大負けの下地となる」と勝ち過ぎ
を戒めているのです。

　同業者は敵であると同時に、自社を鍛えてくれるありがたい存
在でもあります。顧客にどちらが支持されるのか、向上戦を戦う
とき、お互いが成長するのではないでしょうか。また、同業者が
いれば業界という公的な組織を形成することもできます。

　武田家は武田信玄の後継者の勝頼の時代の1582年に滅亡する
のですが、その年に武田家の本拠地の山梨で創業したのが株式会
社印傳屋上原勇七です。甲州印伝という鹿の革に漆で装飾した
バッグや財布類をつくる会社です。初代の上原勇七が考案した技
法と伝えられています。ですが、同社は市場を独占していません。
同業者が他に4社あります。市場を寡占していますが独占はして
いません。競争が敵を叩き潰すものならば独占も可能だったかも
しれませんが、そんなことはしていません。

　それどころか、同業者組合を設立し切磋琢磨しながらも力を合
わせて甲州印伝を発展させようと取り組んでいるのです。その結
果、組合は1987年、国家から伝統的工芸品として認可されたの
です。これがライバルをも活かす日本的経営の極意ではないで
しょうか。

3 なぜ、トヨタは40％にこだわるのか
——42％安定目標値

　シンボル目標数値のなかで最も有名なのが42％安定目標値です。キリの良い数字として市場シェア**40％は首位独走の条件**といわれます。

　安定なら過半数の51％ではないかと思われるかもしれません。2社間競合なら51％を獲得してもライバルが49％です。誤差の範囲で全く安定しません。二社間競合なら74％を確保しなければ安定しないのです。販売競争においては過半数にはあまり意味はありません。

　しかし、全国区の総合的な競争では2社間競合というケースは稀です。多くの業界は5社以上の競合がありますので40％だと、多くの場合でダントツのナンバー1になれます。筆者の調べでは1位が40％を超えると8割の確立で2位以下が逆転困難な大差をつけます。

　ダントツのナンバー1になれば成長性・収益性・安全性が高まります。というのも2位以下は消耗戦を仕掛けても太刀打ちできないので棲み分けを意識するようになるからです。ゆえに42％を安定目標値と定義しているのです。40％を下回れば1位であってもダントツとはいえないケースが増えます。アサヒとキリンが35％以上40％未満で拮抗していることが典型例です。

━ トヨタの40％

　トヨタを世界一の自動車メーカーに押し上げる基盤をつくったことで名経営者といわれる奥田碩元社長は40％にこだわったことで有名です。奥田社長（当時）はバブル崩壊以降、シェアが低迷し国内普通乗用車市場シェアが14年ぶりに40％割れした1995

図表4-3 国内の普通乗用車シェア

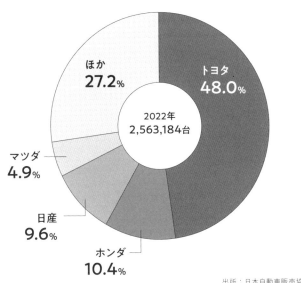

出所：日本自動車販売協会連合会

年、社長に就任します。そして社内に大号令をかけるのです。

　シェアはみんなが考えている以上に大事です。
　トヨタが40％を切るか切らないかでは、天と地ほどの差がある。40％は単に区切りの数字かもしれないが経営には明確な旗が必要です。40％は一つの旗、旗（目標）を掲げた以上、それを必ずなびかせな（完遂）ければならない。
　　　　　　　　　　　　佐藤正明著「トヨタ・ストラテジー」より

　奥田社長（当時）はシェア下落の原因は若者のトヨタ離れによるものであり、中期的にはRV車、小型車の開発に注力するとともに、短期的にはディーラーに巨額の販売奨励金を投入しました。車種構成が整うのを待っていたら、この間にさらにシェアが低下するからです。こうして98年、トヨタは市場シェア40％台を回

復しました。以来、40％を切ることはなく、2008年には世界シェアでも1位となります。その後、アメリカにおいてトヨタに対するリコール問題が起きたことはトヨタの一人勝ちへの米国感情の嫉妬のように筆者には思えました。それを乗り越えたトヨタはその後、常に世界シェア1位争いをしています。

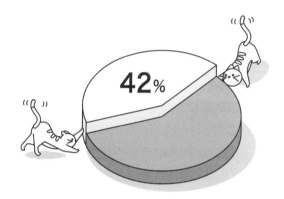

4 ｜ なぜ、出光は合併したのか ——26％下限目標値

　26％を確保すれば多くの場合、1位すなわち強者になります。筆者の調べでは8割の確率で1位です。分散市場ではそれ以下であっても1位であることはありますが、その多くの場合は2位とは僅差の1位です。いつ逆転されてもおかしくありません。

　ランチェスター戦略では市場シェア1位を強者、2位以下を弱者と定義していますが、1位であってもシェアが26％未満の場合は強者の戦略はとれないとしています。市場全体への影響力が限定的ですし、2位以下との差も少ないからです。26％下限目標値とは**強者の戦略がとれる下限**という意味です。

　26％を超えてもライバルがそれ以上なら弱者です。弱者ではありますが26％以上を確保すれば、仮に残りすべてが合併しても74％未満。その差は3倍未満です。これなら何とか生き残れます。ですが、残りすべてが合併して74％を上回ると、対抗できません。26％は、どんなことがあろうとも生き残ることのできる競争地位を示します。**26％には生存条件の下限という意味もあります。**

━ 石油元売り業界は26％ないと生き残れない！？

　40年前まで、石油の元売り業界は国内に17社ありました。当時の1位は日本石油、2位が出光興産、3位が共同石油でした。上位といっても三社ともシェア10％台の分散市場でした。

　1985年に昭和石油とシェル石油が合併して昭和シェル石油が誕生して3位になって以降、合併統合が相次ぎ、業界が再編されていきます。主導権を握ったのは日本石油です。日本石油、共同石油、三菱石油らが合併したENEOSと、エッソ、モービル、ゼネラルが2017年に統合してシェアが50％前後の10兆円企業の新

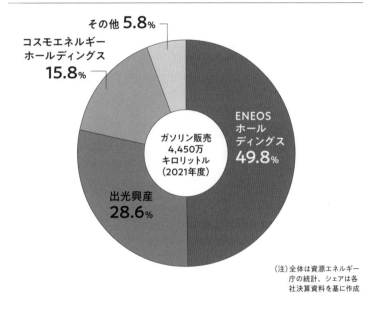

その他 **5.8**%

コスモエネルギー
ホールディングス
15.8%

ENEOS
ホール
ディングス
49.8%

ガソリン販売
4,450万
キロリットル
（2021年度）

出光興産
28.6%

（注）全体は資源エネルギー
庁の統計、シェアは各
社決算資料を基に作成

生ENEOSが誕生しました。2位出光との差は3倍近い大差です。

　かつて1位争いをしていた日本石油が合併統合を繰り返してガリバー企業になっていったのに対して、出光興産はどことも一緒にならず純潔主義をとってきました。同社は長らく非上場で家族主義を大切にする風土があったといいます。

　合併をしてENEOSとの差を縮めるべきとの考えと純血主義を貫くべきとの考えの対立もあったようですが、ENEOS誕生の2年後、業界2位の出光興産は4位の昭和シェル石油と統合してシェア26％以上を確保しました。

　26％は生存の下限であると反対派を押し切ったのでしょう。

■ 19%、11%、7%、3%──新規参入時の目標値

　74％、42％、26％が、軍事理論のクープマンモデルから故田岡先生と故斧田先生が導き出したシェアの3大目標値（田岡・斧

田シェア理論）です。その後、26％に到達するまでの中間目標値
が必要ではないかという実務上の要請から、後に故田岡先生が次
の４つの目標値を付け加えました。（　　）内は算出の計算式を示
しています。

　26％が生存の条件です。既存市場の場合は出光のように26％
の確保が何よりも大切です。したがいまして、26％を確保できる
ように市場を細分化します。地域別、顧客別、商品別、販売会社
別などに分けて26％以上にする優先順位づけを行います。

　19％、11％、7％、3％の目標値は新規に市場参入したときや、
新規に顧客開拓したときの26％に到るまでの目標値として使い
ます。既存市場の場合は全体を集計したときに使います。それで
は数字の意味を解説しましょう。

・3%拠点目標値（≒7％×42％）

　3％は市場参入時に、参入できたか否かを判断する第一の判断
基準です。新規の顧客開拓の場合は5％を超えたときに開拓でき
たと判断します。5％未満はお試し段階、スポット的な取引ととら
らえ、新規開拓途中段階とします。

・7%存在目標値（≒26％×26％）

　シェアが7％を超えると、市場にその存在が認められます。まだ、
影響を及ぼす力はないので本格的な競争には巻き込まれません。
競合を意識する段階ではなく、ひたすら自社製品の普及に取り組
めばよい時期です。これを下回ると市場に存在すら認められない
という意味です。

　発売から時が流れていても7％を超えないようなら勝ち目はあ
りません。撤退の判断基準にも使われます。

・11%影響目標値（≒26％×42％）

　新製品発売時の当面の目標になることから「11%足がかり」といいます。11%を確保すれば、市場全体に影響を及ぼす力をもつ存在になります。「11%は有名・無名の分岐点」ともいいます。知名度がでてきます。

　「11%は黒字・赤字の分岐点」ともいいます。11%未満は赤字の場合が多いです。新規の顧客開拓をする場合も粗利のみならず、その顧客に係わる時間の人件費を割り当てて考えると開拓時は赤字です。開拓する以上は顧客内シェア11%以上は確保することを目標にします。

・19%上位目標値（26％×74％）

　19%（≒20％）を確保すれば、多くの場合で上位3位以内に入れるでしょう。1位との差も逆転可能な射程圏内になってきます。19%は上位の条件です。ここまで来れば1位、または26%が見えてきます。戦略を1位獲得に転換します。

5 ｜ 3：1の法則と４つの競争パターン

さんいち

軍事理論に**3：1の法則**というものがあります。3倍の兵力差は武器では埋まらないとの考えです。敵の3倍の兵力で戦えば、武器性能によらず勝てるということです。

この理論をシェアに応用します。74％上限目標値と26％下限目標値の差は約3倍です。2社競争の場合、その差が約3倍開き勝敗は決します。これを**射程距離理論**といいます。射程距離とは元もと鉄砲の玉が届く範囲のことですが、逆転可能範囲という意味で使っています。

・**射程距離理論：下記の差がつくと逆転困難**
3倍……2社競争、顧客内シェアを製品カテゴリーで見る場合
√3倍……それ以外の場合

2社競争や、顧客内シェアを一つの製品カテゴリーで見る場合は一騎討ち的ですので3倍を射程距離とします。上記以外は総合的な競争です。ランチェスター第2法則が適用されると考えます。第2法則は兵力数が2乗することから、2乗して3倍の差がつけば逆転困難とします。すなわちルート3倍（約1.7倍）を射程距離とします。

逆転の可能性については「通常の競争であれば」ということです。石油元売りのような合併統合や、かつて吉野家が米国産牛肉を事情があって調達できず休業したなどの特殊な状況を除きます。通常の競争であればということです。そう考えると黒霧島の逆転は理論を超えた画期的な成功事例です。

79ページの図表4－3「国内の普通乗用車シェア」を参照してください。

・1位トヨタ対2位ホンダ……射程圏外（逆転困難）
・2位ホンダ対3位日産……射程圏内（逆転可能）
・3位日産対4位マツダ……射程圏外（逆転困難）

上記は感覚的に納得できると思います。自社のシェアが把握できたら各社の差を射程距離に当てはめます。上位との差は射程圏内に、下位との差を射程圏外にすることを目標にします。

■ 競争パターン……時間の経過とともに寡占化する

シェア74％、42％、26％などの7つのシンボル目標値と、1.7倍の射程距離理論を組み合わせると、市場における各社の差と上位の寡占度の競争関係をパターン分類できます。競争パターンといいます。図表4－5

① 分散型：各社のシェアの差が少なく、1位が26％未満のオール弱者状態。
② 3強型：1位・2位・3位が拮抗していて、1位・2位・3位の合計が74％以上。
③ 2強型：1位・2位が拮抗していて、1位・2位の合計が74％以上。
④ 1強型：1位が2位をルート3倍の射程圏に引き離し、42％以上。

各社の差と上位の寡占度の両方が当てはまれば典型です。片方だけ当てはまる場合は「3強的」のように表記すればよいです。

図表4-5 競争パターン

型	定義と数値例	業界例
分散型	① 1・2位間、2・3位間などの各上下の差が射程距離√3倍以内 ② 1位が26%下限目標値以下 (例) 1位20％、2位18％、3位16％、4位14％、ほか計32%	・地場産業が強い住宅や不動産や小売り ・参入業者が多い医薬品やアパレルや人材派遣
3強型	① 1位から3位までの差が射程距離√3倍以内 ② 1位、2位、3位の上位3社で74%上限目標値以上で1位が2位・3位の合計以下 (例) 1位33%、2位30%、3位27%、4位10%	・携帯キャリア(ドコモ、KDDI、ソフトバンク) ・台所用洗剤 (花王、P&G、ライオン)
2強型	① 1位・2位の差が射程距離√3倍以内 ② 1位、2位の上位2社で、74%上限目標値以上 (例) 1位38%、2位36%、3位19%、4位7%	・プリンター (セイコー、キヤノン) ・ビール系 (アサヒ、キリン)
1強型	① 1・2位の差が射程距離√3倍以上 ② 1位が42%安定目標値以上 (例) 1位43%、2位24%、3位17%、4位9%、ほか計7%	・普通乗用車(トヨタ) ・ウィスキー (サントリー)

時間とともに大手が寡占化する

　この競争パターンは時間の経過とともに分散→3強→2強→1強へと上位寡占に進む原則があります。時間の経過とともに市場は成熟していきます。成熟市場は、A社が伸びればB社は沈むゼロサムゲームとなり、各社の差がつきます。また、好不況の波があります。不況期に差をつけられた下位企業が市場から撤退する、または事業を売却することもあります。こうした弱肉強食の原理により寡占化が進むのです。

━ セブンイレブン1強を阻止しようとする動き

　コンビニエンスストア業界はセブンイレブンがつくってきた市場です。2位・3位をローソンとファミリーマートとが争ってきました。ローソンは食材の100円ショップのローソンストア100や健康志向のナチュラルローソンなどで店づくりを差別化してい

ます。ファミリーマートはいち早く海外進出を進め市場を差別化していました。

　少し前の2011年の国内コンビニ市場は9兆1,771億円市場でした。各社の売上のシェア順位は次の通りです。

1位　セブンイレブン　35.7%
2位　ローソン　19.9%
3位　ファミリーマート　16.7%
4位以下　27.7%

　1位が2位を√3倍の差をつけていますのでダントツに強いですが、42%には至っていませんので完全な「1強型」ではありません。上位3社が強いですが、合計74%には届きませんので「3強型」というには無理があります。「1強的だが3強にも近い」という状況でした。

図表4-6 国内コンビニ市場の10年間の推移

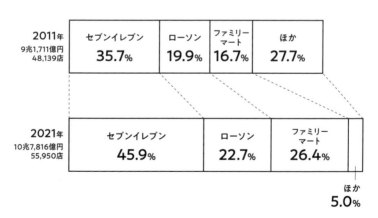

出所：日本フランチャイズ協会

88

　このままいくとセブンイレブンの1強となることは誰がみても明らか。業界4位以下はスケールメリットがでず、存続が困難な状況の会社がありそうです。

　2010年、ファミリーマートがam-pmを買収したことがきっかけで業界再編が進み始めます。サークルKとサンクスが合併してサークルKサンクスとなり、その後、ファミリーマートと統合します。ココストアとカスミもファミリーマートに統合。

　スリーエフ、セーブオン、ポプラがローソンとの連携を強めています。セブンイレブンのみは純血主義を貫いています。

　10年後の2021年の国内コンビニ市場は10兆7,816億円市場となりました。各社の売上のシェア順位は次の通りです。

1位　セブンイレブン　45.9%
2位　ファミリーマート　26.4%
3位　ローソン　22.5%
4位以下　5.2%

　1位のセブンイレブンは元もと2位に$\sqrt{3}$倍以上の差をつけていましたが、42%を超えたので完全な「1強型」となりました。ファミリーマートは合併で約10%のシェアを上げ、2位に浮上。存続の条件の26%を確保しました。ローソンもシェアを上げましたが3位に転落。26%確保にむけて連携チェーンを取り込むと思われます。上位3社で94.8%を占める上位寡占市場となりました。

6 「足下の敵」攻撃の原則

　たとえば3位が2位を目指すとき、どのライバルからシェアを奪うべきでしょうか。すべてのライバルから奪うと考えるのは戦略的ではありません。すべてのライバルと戦うことは確率戦となりますので、弱者には不向きです。**戦略とは狙い撃ち**です。シェアを奪うべきライバル、すなわち攻撃目標は1社に絞り込みます。

　その際に上位のライバルを選ぶのは原則に反します。なぜなら上位のライバルの顧客や仕事を奪い取るのは難しいからです。自社より強いから自社よりシェアが上位なのです。「**勝ち易きに勝つ**」原則で攻撃目標を定めます。つまり、自社よりもシェアが下位のライバルのなかから1社を攻撃目標とします。

　もっとも効果的なのは1ランク下位企業です。自社が3位なら4位です。5位以下のほうがより弱いライバルではありますが、4位が伸びてくるとやっかいです。1ランク下位のライバルとの差を射程圏外にすることが大切です。「**足下の敵**」**攻撃の原則**といいます。図表4-7

　足下の敵を攻撃するときに意識すべきは、足下の敵の差別化を封じ込めることです。たとえば、足下の敵が展示会をすることがわかれば、自社はその直後に同様の展示会を開催すると予告すれば、顧客は格上の自社の展示会と見比べてようとするものです。足下の敵の展示会での買い控えが起こります。ミート戦略です。

　ミート戦略とは強者（1位）の基本戦略ですが、2位以下の弱者であっても、自社より下位の差別化を封じ込める場合はミートしてもよいのです。

　第1章でマクドナルドが全米2位のバーガーキングにミートしたことに触れました。「足下の敵」攻撃の原則といえます。

図表4-7「足下の敵」攻撃の原則

定義	「足下の敵」を攻撃目標としてシェアを奪うこと （1ランク下位のライバル。自社が2位なら3位）

進め方	① シェアを奪う攻撃目標を定める ② 自社より上位ではなく、下位を攻撃目標とする ③ 原則として「足下の敵」を攻撃目標とする ④ 「足下の敵」への攻撃方法はミート戦略である ⑤ 自社より上位企業は自社を攻撃してくる可能性大 　上位とは全面対決を避けるために差別化する

― ねつ、のど、はなにルルが効く

　2005年、市販の風邪薬市場3位9.3％の武田薬品ベンザは「あなたの風邪に狙いを決めて」をキャッチコピーに発熱、のど、鼻の症状別に三種類の風邪薬を市場投入してきました。差別化戦略です。

　これに対して2位13.3％の第一三共ルルは、長年使い続けたキャッチコピー「くしゃみ3回、ルル3錠」を「熱、のど、鼻にルルが効く」に変えました。熱には熱の、のどにはのどの…と武田のいうことを聞いていては風邪薬代が3倍かかりますよ。ルルなら1つで全部に効くのですから、第一三共にしましょうと筆者には聞こえますが、いかがでしょうか。弱者の差別化を無効にするのですから、これもミート戦略です。

　この結果、06年、第一三共は14.4％にアップし、武田は9.5％と微増にとどまりました。ちなみにダントツ1位の大正製薬はこの間33％から29.5％にダウンしました。3位の仕掛けに2位が封じ込め作戦で対抗し、1位が我関せずと動かなかった結果です。大正が第一三共の動きにミートしていれば、さらに面白い展開だったと思います。

7 | ナンバー1主義

━「一番以外はビリ」と言い切る日本電産の永守重信

精密小型モータ市場で世界1位のシェアをもち、グループ年商2兆円以上のニデック株式会社（旧日本電産株式会社）の創業者で現在も会長を務める永守重信はその著書「成し遂げる力」で「一番以外はビリ」と書いています。

現代は、あらゆる分野で「一番が一人勝ちする」時代である。かつてはいずれのマーケットでも上位4社ぐらいが利益を確保し、4〜6位でも生き残れた。

しかし、いまではシェア1位が全体の6割以上の利益をもっていく。2位が残りの半分をとり、3位で収支トントン。それ以下は赤字だ。勝ち組と負け組などという生やさしいものではない。圧勝組と惨敗組に分かれてしまうのだ。

私は、一番をめざすという姿勢を崩さずにきた。製品の品質と精度はもとより、シェアも1位をめざして努力を重ねる。「二番でもいい」などと考えていたら、あっというまに三番以下になる。現代社会は、まさに「一番以外はビリ」なのだ。

精神論ではなく、シェアと利益が相関することを示しています。

━ 日本で2番目に高い山を知っていますか？

日本で1番高い山が富士山であることを知らない人はいません。では、2番目に高い山を読者はご存知でしょうか？　答えは南アルプスの北岳ですが、知っているのは10人に1人程度です。ご当地の山梨・長野にゆかりがあるか、山が好きな人に限られます。

山好きに聞くと「北岳は本当の山好きにしかわからない高潔な気品あふれる山」とのことですが、具体的に尋ねると「北岳から見る富士山が素晴らしい…」。2番は1番を仰ぎ見る存在でしかないのです。

　このように、**1番と2番とでは埋めがたい大きな差があります。**ビジネスも同じではないでしょうか。1番でなければなりません。勝っているのは1番だけです。ランチェスター戦略では1番だけを強者といい、2番以下は弱者と呼んでいるのは、この考えからなのです。

━ ナンバー1主義

　ただし、1位といえども2位以下との差が少ない2強、3強、分散型という射程圏内にライバルがいる状況だと、どうでしょうか。いつ逆転されてもおかしくない不安定な1位です。下位企業も何とか逆転したいと挑戦してきます。激しい消耗戦が繰り広げられ、お互いに収益性が高まりません。

　2位以下を射程圏外に引き離すダントツになったら、どうでしょうか。2位以下はダントツと張り合っていたら体力的にもちません。全面対決を避け、棲み分けを意識するようになるのではない

図表4-8 ナンバー1主義

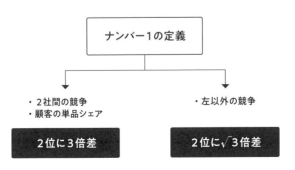

93

でしょうか。戦いは終結に向かい、その地位は安定し収益性は格段によくなります。

　この2位以下を射程圏外に引き離すダントツのことをランチェスター戦略では単なる1位と分けてナンバー1と定義しています。**射程距離は√3倍（約1.7倍）を標準とします。2社間競合や顧客内の1つの製品カテゴリーのシェアのような局地戦の場合は3倍を適用**します。

　営業目標にゴールを設定するならば、それはナンバー1のシェアです。ナンバー1主義といい、ランチェスター戦略の結論といってよいくらい重要な考えです。1位（強者）ということだけでも安定性、成長性、収益性が高まりますが、ナンバー1になれば、さらに次の効果が得られます。

① **スケールメリット**
② **価格主導権**
③ **代名詞効果**
④ **持続的繁栄**
⑤ **理想の実現**

　製造や取り扱いの数量が多くなればバイイング・パワーが高まり仕入れが有利にできます。製造や物流が効率化し固定費や間接コストの比率も下ります。経験が蓄積しノウハウも高まります。これらを総じて1番目の効果のスケールメリットといいます。

　2番目の効果の価格主導権には二つの意味合いがあります。一つはスケールメリットによるコストダウンにより低価格競争に持ち込んでも勝ち抜けるという意味です。マクドナルドの低価格路線に追随していくつかのバーガーチェーンが破綻したケースや、3代目プリウスが高性能なのにライバルと同等価格にするケースなど体力勝負に持ち込むやり方について、第1章で解説しました。

　もうひとつは価格決定権という意味です。本書執筆中に2023年は世界的な原料高、燃料高からほとんどの業界で値上げが相次いでいます。そのとき、読者の業界ではどの企業がいち早く値上げしたでしょうか。そして1番高く値上げしたでしょうか。多くの業界で業界最大手が1番早く1番高く値上げをしました。2番手以降は、1番手の値上げに便乗していきました。

　また、原料・燃料など相場で動く業界ではチャンピオン交渉という商習慣があります。最大手の供給者と最大口の需要者という売り手と買い手のチャンピオン同士の交渉が行われて、業界相場が決まり、以下は右へならえしていくのです。ENEOSが合併統合を繰り返し50％程度のシェアとなったのはこの交渉力を強化したかったものと筆者は思います。

■ ツナ缶なら何でもシーチキンと呼んでしまいませんか？

　マグロの缶詰のことを筆者はシーチキンと呼んでしまいます。しかし、シーチキンははごろもフーズ（株）の登録商標であって他社製のものはツナ缶やマグロの缶詰という普通名称で呼ぶべきものです。ウォシュレットはTOTO製のみで、それ以外は温水洗浄便座と呼ぶべきものです。

・ウォークマン（ソニー製以外は携帯ヘッドフォンステレオが普通名称）
・ポリバケツ（積水化学製以外は合成樹脂バケツが普通名称）
・万歩計（山佐時計製以外は歩数計が普通名称）

　ナンバー1ブランドは往々にして、そのカテゴリーの総称のように使われているケースが多いのです。このような状況を3番目の**代名詞効果**と呼びます。普通名称の代わりに登録商標が使われているからです。消費者が勝手に宣伝してくれているようなもの

です。

　代名詞的に使われている製品は少なくとも市場シェア1位です。かなりの割合でナンバー1なのです。味の素（味の素）、エレクトーン（ヤマハ）、サロンパス（久光製薬）、宅急便（ヤマト運輸）、バンドエイド（ジョンソン＆ジョンソン）、ホカロン（ロッテ）、ポストイット（スリーエム）など。

　この牙城を切り崩すのは容易ではありません。ナンバー1を逆転することは極めて困難なのです。

■ 富士フイルム──ナンバー1は本業が失われても

　企業経営は持続的繁栄（ゴーイング・コンサーン）を目指すものです。しかし、事業にはライフサイクルがあります。いつかは終わりが訪れます。単一事業では企業の永続は困難です。ですから、ほとんどの長寿企業は事業転換しているのです。たとえば、富士フイルム。アナログ写真フイルム市場は、ほぼ消滅しましたが、富士フイルムは繁栄しています。傘下の富士ゼロックス（現富士フイルムビジネスイノベーション）、デジカメの業務用出力機、医療機器、最近では化粧品事業や製薬事業と、次々と新規事業を立ち上げています。

　これらの新事業を次々と立ち上げてこられたのも、アナログ写真フイルム市場で長年、ナンバー1のシェアがあったからこそです。ナンバー1の財務力、技術開発力、人材力、情報力が企業の持続的繁栄を担保しているのです。これが4番目の**持続的繁栄**です。

■ H.I.S.──創業の理念

　あるとき筆者はH.I.S.の澤田秀雄会長に、ナンバー1の効果を上記の4つに整理して話しました。すると澤田さんは、「その通りと思うが、付け加えるならば『**理想の実現**』ということが挙げら

れるのではないか」といわれました。

　H.I.S.の創業の原点は澤田さんが学生の頃、バックパッカーとして世界を回ったときに感じた日本の航空券の高さでした。日本の若者よ、世界に出て見識を広げよ。そのためには世界と同等の航空券代にすべきであると。その思いで格安航空券の販売を開始したのです。

　業界の慣習を打ち破るH.I.S.には様ざまな圧力がかかりましたが、やがて格安航空券販売事業でナンバー1となり、航空券代の相場は世界レベルに下がっていったのです。その後、パッケージ旅行の企画販売に進出しました。

　「若者よ、世界へ」という澤田さんの理想もナンバー1にならなければ実現しなかったということです。H.I.S.の企業理念は「ツーリズムを通じて、世界の人々の見識を高め、国籍、人種、文化、宗教などを超え、世界平和・相互理解の促進に貢献する」です。企業には理念や創業の志があります。それこそが企業の目的です。ナンバー1は目的達成のために欠かせないのです。澤田さんのアドバイスを踏まえて、筆者はナンバー1の5つ目の効果として「理想の実現」を付け加えました。

■ 弱者がナンバー1になる方法〜一点集中主義〜

　では、いかにしてナンバー1になるか。既に1位の強者は「足下の敵」攻撃の原則で2位を叩きます。たとえば自社が1位でシェア30％、2位が25％だったとしましょう。この差は5％で接近していますが、「足下の敵」攻撃の原則で2位から5％のシェアを奪い取ります。自社は35％にアップし2位は20％にダウンします。その差15％となり、ルート3倍の射程圏外です。自社はナンバー1です。強者のナンバー1づくりは「足下の敵」攻撃の原則です。

　弱者のなかでも下位の場合はナンバー1なんて、夢のまた夢……とは思わないでいただきたいのです。確かに全体で勝つのは

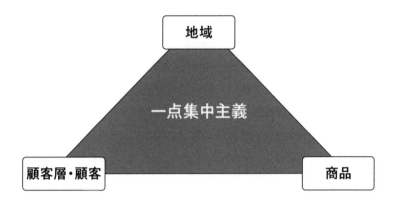

難しいでしょう。しかし、一部分で勝つことは考えられないでしょうか？　特定の地域、顧客層や顧客、そして商品。ビジネスの領域を細分化すれば既に1位の分野があるかもしれません。1位でなくても逆転可能な射的圏内に入っていることや生存条件の26％以上ある分野なら、探せばきっとあるはず。

　そこを狙うのが弱者のナンバー1づくりです。これを**一点集中主義**といいます。集中すべき分野を決め、そこに対しては、どのライバルよりも量的経営資源を投入します。集中とは自社内の比率の問題ではなく、競合よりも量的な優位を築くことです。**ナンバー1主義、「足下の敵」攻撃の原則、一点集中主義をランチェスター戦略三つの結論と呼びます。**

■ タニタとピーターパンとの一点集中主義

　集中の効果は誰もが認めることですが、誰もが躊躇するものです。売上が減る不安、集中によるリスクがつきまとうのでしょう。集中していく期間は会社の事情で判断すればよいことです。千葉県のパン製造小売業のピーターパンは年商の三分の二を占めてい

た宅配ピザ事業の経営を切り離し売上は三分の一に激減しました。が、パン屋に一点集中したがゆえに、その後、数年で五倍に売上を伸ばし地域ナンバー1の行列のできるパン屋になりました。ハードランディング型の集中戦略です。

ヘルスメーターのタニタはライター製造、電磁調理器製造の2つの事業を数年かけて縮小していきながら、最終的にヘルスメーター製造専業になりました。その後、国内ナンバー1になり、世界一になりました。ソフトランディング型の集中戦略です。一挙に絞るか、徐々に絞るかの違いです。

集中するからには勝たなければなりません。集中して負け続ければ破綻します。量的優位とともに質的優位も不可欠です。質的優位を築くことが差別化です。ピーターパンはログハウス風の店構え、店内は生鮮市場のようなオープンで活気のある雰囲気。常に焼きたて、揚げたて、つくりたてのパンが他店よりも1割以上も安いといった差別化をしています。

タニタが国内ナンバー1になれたのは体重をデジタル表示させる体重計を投入したからです。そして世界一になれたのは体脂肪率を測定できる体脂肪計を開発したからです。

8 | シェア分析の取り組み方と営業員の仕事

　本章の最後に実務を解説します。第1にシェアとは何か。いくつかの注意ポイントがあります。第2にシェアが大切である理由。シェアは利益と相関します。ここまでは考え方です。ここからは取り組み方です。第3にシェアの調べ方。そして、第4にシェアの分析方法をそれぞれ解説します。分析したシェアをどのように上げていくのかは次の第5章で解説します。

━ シェアとは何か

　シェア（市場占有率、マーケットシェア、市場占拠率）とは何か。**分母を市場として、分子にその市場のなかでの自社売上をおいたもの**です。

　ですから、まず、分母を特定しなければなりません。自社と競合するものはすべて含め、競合しないものは含めてはなりません。どこまでが競合し、どこからが競合しないのかを決めます。顧客の視点で判断すべきです。

　たとえば、パナソニックはトイレを製造販売していますが、トイレ業界の統計資料にパナソニックは出てきません。トイレ業界はトイレを衛生陶器としているからです。パナソニックのトイレは陶器ではなく樹脂でできています。ということからトイレ業界の統計資料にでないのです。業界側は素材で市場を区分しているのですが、消費者としては樹脂もトイレです。選択肢に入るなら市場に含めるべきです。

図表4-10 市場シェア

$$販売数量の市場シェア(\%) = \frac{自社の市場での販売数}{市場の総販売数} \times 100$$

$$販売金額の市場シェア(\%) = \frac{自社の市場での販売金額}{市場の総販売金額} \times 100$$

　業界が違っても選択肢に入ることもあります。50ccのオートバイはオートバイの一つのカテゴリーです。電動アシスト自転車は自転車の一つのカテゴリーです。業界が異なりますので別々の統計資料となります。しかし、消費者としては50ccのオートバイと電動アシスト自転車のどちらを買うか迷うことはあります。分母に含めて試算する意味はあります。

　次に、**シェアは金額ベースでみるか、数量ベースでみるか**。統計資料は個数、台数、軒数など数量ベースが多いです。統計資料が数量ベースなら、まずは数量ベースでつかみます。次に各社の平均単価を掛け合わせれば売上ベースでつかむことはできますが、実勢価格は変動も激しく、わかりにくい場合は数量ベースのみでかまいません。

　したがいまして、単価が大きく異なるものは競合していないと考えるべきです。50ccのオートバイと750ccのオートバイは競合していないと考えるべきです。市場を細分化してシェアを調べる必要があります。

　薄利多売商法は強者に有利なのですが、現実には強者商品の価格のほうが高い場合が多いです。強者とはトップブランドです。値崩れは起きにくいです。弱者商品は値引きされがちです。平均

単価が強者に比べて低い弱者の場合は、まずは数量ベースで逆転し、次に売上ベースで逆転することです。

シェアには**販売ベースのフローシェアと稼働ベースのストックシェアの二つがあります**。フローとは流れという意味です。前年度などのある期間の販売数量や販売金額のシェアをフローシェアといいます。ストックとは蓄えという意味です。現時点での過去に販売して現在、稼働している製品の数量のシェアをストックシェアといいます。

消耗品は消費されて無くなるものですからフローシェアしかありません。「ナガレモノ」と呼ぶ業界があります。

耐久品は一度購入したら10年間などの長期間使用し続けるものです。自動車や住宅、機械設備などが典型です。「ハコモノ」と呼ばれることがあります。これら耐久品の稼働期間には消耗品の販売などが見込めます。先の話ですが買い替え時の最有力な見込み客です。耐久品の顧客は企業からすると次の仕事のストックといえます。耐久品の会社は前年度の販売台数などのフローシェアと、現時点で稼働しているストックシェアの両方を把握するべきです。

耐久品の真の力関係はストックシェアにあります。ストックシェア1位の会社が真の強者です。フローシェアが1位であってもストックシェアが2位以下であれば弱者とみるべきです。弱者はいきなりストックシェアでは勝てませんので、まずフローシェアで1位となり、それを続け、将来にストックシェアで逆転を目指します。

■ シェアが高いほうが利益率・利益額が多い

シェアを上げることと、売上を上げることは似て非なるものです。

・売上志向………どこでも、誰でも、何でも売る。同質化し価格競争となり経費も増え、利益がでにくい
・シェア志向……どこの、誰に、何を売るのか。自社に有利な土俵に市場を括り、特定市場でシェアを拡大する。手ごわいライバルと棲み分けするので、競争力があり、利益がでやすい

　シェア志向とは特定の市場で売上を上げることです。自社の経営規模に合わせたサイズの市場で高いシェアを目指します。**スモールマーケット・ビッグシェアの原則**です。
　売上志向とは市場にかかわらず売上を上げることです。大きな市場であれば売上を上げやすいと考えがちです。ビッグマーケット・スモールシェアでは利益は出にくいです。
　大きな海の小さな魚と、小さな池の大きな魚のどちらが生存確率が高いのか、いうまでもないことです。
　筆者は、シェアが高いと利益率が高くなることを統計調査で明らかにしています。大企業を対象とした統計調査の結果については

・**主力商品のシェアが11％以上の場合、シェアが上がれば上がるほど売上高営業利益率が上がる**

となります。中小企業を対象とした統計調査の結果については

・**市場は小さいが商品のシェアがナンバー1であるニッチャーは同業他社に比べて1人あたりの営業利益が3倍出ている**

となります。

━ 市場シェアの調べ方

　生産財と産業財とでは調べ方が異なります。生産財とは、企業が事業を営むときに必要とするモノやサービスのことです。原材料、部品といった仕入れるもの、機械設備、外注費などです。消費財とは個人が生活をするときに必要とするモノやサービスです。衣食住、趣味・レジャー、通信費や交際費などです。自動車を個人に販売すれば消費財です。法人に社用車や働く車として販売する場合は産業財になりますので、品目だけで決めてはなりません。

　生産財は、工業統計ほかの統計資料でメーカー出荷ベースの市場規模を知ることができます。全体を大掴みします。生産財は法人営業（BtoB事業）なので顧客毎の需要と顧客内シェアを把握することが大切です。

　まずは社内情報を集めます。顧客ごとの需要と、各参入業者の顧客内シェアを調べます。自社が強い顧客や取引期間が長い場合や担当営業員が優秀な場合は把握しているものです。まずは、営業員の頭のなかにある情報を集めます。

　次に営業員がよくわからない顧客の需要を推計します。顧客の売上や事業の構成比を把握すれば、需要は規模に比例するものです。需要のわかる顧客と比較すれば、おおよその見当がつきます。需要が推計できれば、自社の売上はわかりますので自社の顧客内シェアを算出します。

　それでもわからなければ信用調査機関のデータを購入します。競合他社についても社内の情報を信用調査機関のデータで補います。

　消費財は商業統計ほかの統計資料で卸しや小売りの販売ベースの市場規模を知ることができます。**家計調査**ほかの統計資料で消

費ベースの市場規模を知ることができます。全体を大掴みします。

　消費財を卸しや小売店を通じて販売する場合は法人営業（BtoB事業）です。生産財と同様に顧客毎の需要と顧客内シェアを把握することが大切です。

　消費財を消費者に直接販売する個人営業（BtoC事業）を外壁塗装店の市場シェアの調べ方を例にして解説します。外壁塗装の国内市場規模は約7,000億円です。これを人口1億2,500万人で割ると5,600円となります。人口10万人を商圏とすると5億6,000万円が市場規模となります。

　市場規模を分母に、自社や競合他社の売上を分子にすれば市場シェアが算出できます。ただし、需要は持家比率などの地域差があります。競合他社の売上は外壁塗装の仕事以外も含まれている場合もあります。

　筆者は最重点地域を定めて、足で情報を集めることを奨めています。持家世帯に対する自社の顧客数の割合や、年間施工総数に対する自社の施工数の割合などは、地域を絞り込めば調べられます。

　以上を基本としますが、中小企業の場合、正確なシェア情報を把握できないことも多いです。その際は、不確かな情報であっても複数の情報を集め、それらから真実に近いところを読み取ることをお奨めします。

・自社内の顧客や競合についての情報
・統計資料からの推計
・顧客や競合の各社の売上は上場会社であれば公開されています。未公開会社は信用調査会社の企業情報で調べることができます。
・各社の人員数はシェアに相関します。特に人件費率の高い業界では、人員数の比率は市場シェアに近いです。

上記のうち3つ以上の情報源から探れます。精度が低くても3つ以上の答えが得られれば、その範囲内に真実があると考えて差しつかえないです。シェアの3点攻略法と呼んでいます。

■ シェアの分析方法──新聞販売店のケース

図表4−11は某地域の新聞販売店の市場シェアの分析です。この例を使ってシェアの分析方法を解説します。

新聞販売店は読売、朝日、毎日の三大全国紙が系列販売店を全国に展開しています。子会社ではありません。特定地域の独占販売権をもつ独立した会社です。

朝毎読の三系統は系列新聞と地方紙とそのほかの新聞を扱っています。全国紙よりも地方紙の発行部数が多い地域が多いです。全国紙の販売順位は読売、朝日、毎日、日経、産経の順ですが、この地域では毎日系のほうが朝日系よりもシェアが高いのは毎日系が地方紙を多く販売しているからです。新聞のシェアと新聞販売店のシェアは異なります。

この地域にはブロック紙の系列販売店もあります。地方紙が県単位で発行されているのに対してブロック紙とは県をまたぎます。中日新聞や中国新聞などです。このブロック紙の系列販売店は全国紙や地方紙を扱っていません。シェア順位は次の通りです。

1位　読売系　34%

2位　ブロック紙系　31%

3位　毎日系　25%

4位　朝日系　10%

なお、筆者のクライアントは毎日系です。この分析は毎日系販売店の戦略づくりのために行っています。

図表4-11 シェアの分析例

	社名	シェア	備考
1位	読売系	34%	地方紙と併売
2位	ブロック紙系	31%	地方紙は扱わない
3位	自社(毎日系)	25%	地方紙と併売
4位	朝日系	10%	地方紙と併売
他計		0%	
合計		100%	

シンボル目標値	下限目標値まで1%
No.1の有無	無
競争パターン	3強型
頭上の敵	表面的にはブロック紙系。実際は地方紙としてブロック紙系を叩く
足下の敵	表面的には朝日系。実際は実質吸収して救済

　第一に分析することは自社のシェアが7つのシンボル目標値のどこに該当するのか。25%ですので26%下限目標値まであと1%であると分析します。生存条件まであとわずかのところまできています。

　第二に分析することは、この市場にナンバー1がいるかどうかです。1位と2位との差がわずか3%の僅差です。1位の読売系はナンバー1ではありません。この市場にナンバー1はいません。ランチェスター戦略ではナンバー1が存在する市場は戦いが終結していると捉えます。ナンバー1が自社なら勝ちが確定している、他社なら負けが確定している市場と判断します。ナンバー1がいない市場は戦っている最中と捉えます。この市場がそうです。

　第三に分析することは競争パターンが何型であるかです。1・2・3位の合計が90%です。74%を大幅に超えた寡占状態です。1位

から3位の間の差が1.36倍です。$\sqrt{3}$（≒1.73）倍未満の射程圏内です。したがいまして、3強型です。自社は3強型の3位です。1位逆転可能ではありますが、3強型は将来2強型になる可能性があります。3位の毎日系は何か策を打たなければシェア競争から脱落する危険性があります。

　第四に分析することは1ランク上位の「頭上（ずじょう）の敵」と1ランク下位の「足下（そっか）の敵」がどこであるかです。頭上は2位のブロック紙系で、足下は4位の朝日系です。ブロック紙に対しては差別化し、朝日系に対してはミートするのが原則です。

　以上のように分析します。ここまでは基本編です。ここからは応用編です。原則通りに判断すると朝日を叩いて2位を目指すことになります。

　しかし、毎日系は黒字・赤字の分岐点を下回った朝日系を叩くのではなく朝日系を救済する形でグループ化する手を打ちました。系列を超えたグループ化は最近まで業界の常識としてありえないことでしたが、市場の急激な縮小に伴い赤字転落し、存続が困難な新聞販売店が出てきています。系列を超えたグループ化する例が出始めました。

　毎日＋朝日で35％。1位に躍進することになります。

― 営業員は「シェアは値引きではなく戦略で上げる」こと

　営業の仕事をしていると日々、顧客からの値下げ圧力を感じながら仕事をしていると思います。値引きで売上やシェアを確保したくなるものです。ですが、値引きの前に本書のこのページをもう一度読んでください。

　安く売ってシェアを確保して、後で利益を確保する方法はあります。楽天などの格安スマホのビジネスモデルが該当します。それは大企業がその物量にものをいわせて行う強者の5大戦法のひとつの総合主義です。弱者や中小企業には向きません。

差別化×接近戦×集中＝ナンバー1

　市場は地域、顧客層、商品などで細分化して、ライバルとは差別化した市場に**集中**しているでしょうか。

　価格以外に商品、利便性、関係性、共感性の4つの差別化できる要素があります。その独自性や優位性が顧客に伝わっているでしょうか。

　商品や価格の差が乏しい場合でも営業員という自分自身の**接近戦**で勝つ方法はないでしょうか。

　シェアは値引きではなく戦略で上げるものです。その実務を次の第5章で解説しましょう。

第 5 章

ランチェスター
営業戦略

Selling Strategy

1 | 営業員攻撃力の法則、攻撃量の法則

　本章では営業員の活動の最適化について解説します。活動の最適化にあたり、原点のランチェスター法則に立ち返って考えます。ランチェスター法則は一騎討ちのときに適用する第1法則と、集団戦のときに適用する第2法則があります。営業員1人ひとりの力については第1法則、営業チームの力については第2法則が適用すると応用できます。まず、第1法則から営業員1人ひとりの力について解説します。第2法則の営業チームの力については後ほど触れます。

　ランチェスター第1法則「戦闘力＝武器性能×兵力数」は、営業員1人ひとりの実力（顧客を開拓し売上を上げ利益を生み出す力）に次のように応用できます。

図表5-1 営業員攻撃力の法則

ランチェスター第1法則

戦闘力	＝	武器性能	×	兵力数

⬇

● 営業員攻撃力の法則

攻撃力	＝	活動の質	×	活動の量

● 営業員攻撃量の法則

攻撃量	＝	商談時間	×	商談件数・回数

・営業員攻撃力の法則：攻撃力＝活動の質×活動の量

　武器は質の要素、兵力は量の要素です。ランチェスター戦略で重視する差別化は質の優位性、一点集中主義は量の優位性、そして接近戦は質と量の優位性を示します。営業員の実力は営業活動の質と量で決定づけられるということになります。

　なお、量については長時間労働を推奨しているわけではありません。顧客と接触する時間を増やすことを意味します。攻撃量は次の公式で示されます。

・営業員攻撃量の法則：攻撃量＝商談時間×商談件数・回数

　1日あたりの攻撃量は何件訪問し1回あたり何分商談したのか、1客あたりの攻撃量は月間に何回訪問し1回あたり何分商談したのか、によって示されます。勤務時間が長くても顧客との接触時間が少なければ攻撃量は少ないということです。

　営業活動の質については次の3つに分けて考えます。すなわち、

① 人材の質
② 戦略の質
③ 活動の質

　「優れた人材が、正しい戦略に基づいて、適正な活動を、たくさん実施すれば成果は上がる」です。それでは、優れた人材とは？正しい戦略とは？　適正な活動とは？　どのようにすれば活動量は増えるのか（しかも残業は減らしながら）？　これらを本章で解説します。

そのなかで触れますが、営業活動の質と量を最適化し、攻撃力を増大するポイントを3点、あらかじめ示しておきます。

① 市場の情報管理
② 商談プロセス管理
③ 活動管理
それぞれ該当するページで解説します。

図表5-2 営業員攻撃力の法則を具体化する

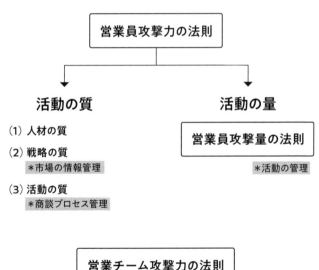

2 ｜ 人材の質

　図の5−3をご覧ください。古い資料ですが、いまでも通用するので紹介します。発注者に好きな営業員と嫌いな営業員をアンケート調査したものです。このアンケートをもとに人材の質について、①適性、②モチベーション、③知識、④スキルに分けて解説します。

■ 営業員の適性——誠意ある言動

　アンケートでまず、注目していただきたいのは、嫌いな営業員の2位に「しつこい」があることです。好きな営業員の10位以下に「よく顔を見せる」という回答もあります。よく顔を見せていても、ある営業員は「よく顔を見せる熱心な営業員」として好かれ、ある営業員は「しつこい」と嫌われます。この違いに営業員の適性を考えるヒントがあります。

　話術が巧みで口がうまい、押しが強い、要領がよい……そんな人が売り込み上手なイメージがありますが、そうではないということです。顧客の都合ではなく営業員の都合で訪問する、顧客のニーズではなく自社の売りたい商品を売り込む、顧客の成功や幸福や満足ではなく自分の利益のために売り込む、こういった人は営業員として不適性です。

　売り込みが上手そうな人が売れるのではなく、顧客の信頼の厚い人が売れます。**信頼とは過去の信用と未来の期待**です。顧客の立場に立ち、顧客に役立とうとする、顧客の気持ちに寄り添える、顧客に歓んでもらおうとする人、顧客の利益が自社の利益と考えられる人。すなわち誠意ある言動が営業員の適性です。

	好きな営業マンベスト10			嫌いな営業マンベスト10	
1	商品知識が豊富	134 (40.6)	1	商品知識がない	154 (46.7)
2	信頼できる	128 (38.8)	2	しつこい	110 (33.3)
3	レスポンスが早い	96 (29.1)	3	常識がない	99 (30.0)
4	役立つ情報を提供してくれる	87 (26.4)	4	身だしなみが不潔	87 (26.4)
4	専門的な知識がある	87 (26.4)	5	レスポンスが遅い	79 (23.9)
6	よい提案をしてくれる	83 (25.2)	6	駆け引きが多い	68 (20.6)
7	よき相談相手になってくれる	65 (19.7)	7	言葉遣いがなっていない	61 (18.5)
8	適切なアドバイスをしてくれる	63 (19.1)	7	役立つ提案がない	61 (18.5)
9	説明がわかりやすい	54 (16.4)	9	説明がわかりにくい	54 (16.4)
10	身だしなみが清潔	36 (10.9)	10	情報を提供してくれない	40 (12.1)
以下	あいさつ、気がきく、無理を聞く、敬語、声、明るい、値引き、よく顔を見せる		以下	あいさつ、頼りない、よくしゃべる、アドバイスがない、気がきかない、覇気がない、声が小さい、値引きしない	

出典：プレジデント04年3月24日号　n=300、一人3項目回答

うそをつかない、ごまかさない、はぐらかさない、自社に不利なことを隠さない、正直で真面目で熱心な人が向いています。口下手や頭の回転が遅くても全く問題ありません。むしろ、顧客が警戒しないので営業の仕事に向いています。

━ 営業員のモチベーション──3つの働く意味

モチベーションの高め方にはいろいろあります。ここでは筆者が20代の営業員に一番伝えたいことを書きます。それは人間が働く意味は3つあるということです。

一つ目の働く意味は、給料のため、生活のためです。人はお金がなければ生きていけませんので当たり前のことです。ただし、

お金のためだけに働くのはもったいないです。人生のなかで働く時間はものすごく長いです。その長い時間がお金のためだけに使われているとすると、充実した人生を送っているとはいえません。二つ目、三つ目の働く意味を見出すことで人生が充実します。

二つ目の働く意味は、その仕事で一流になるためです。仕事とは誰かの何かの役に立つことです。その役立ち度合が高い人が一流です。顧客や会社の仲間から感謝され、高い処遇も受けられます。何事もやる以上は最善を尽くし、ナンバー1を目指すべきです。仕事で承認され、自己実現した人の人生は充実しています。

三つ目の働く意味は、世のため、人のためになることです。仕事とは誰かの役に立つことです。社会貢献の一つです。仕事とは社会に貢献することを有償で引き受けているのです。崇高な社会活動です。企業には理念があります。事業にはミッションがあります。それらをよく理解して、その実現のために働いていると自覚すると、使命感に燃えて仕事ができます。また、ビジネスパーソンとしての自分自身の志や夢をもち、会社のミッションやビジョンと連鎖させることができれば、その人の仕事は生きがいとなります。

■ 営業員の知識──専門知識に基づくコンサルティング能力

再び「好きな営業マン、嫌いな営業マン調査」を参照してください。嫌いな営業マンの1位が「商品知識がない」です。好きな営業マンの1位は「商品知識が豊富」です。同率4位に「役立つ情報」と「専門知識」が、6位に「良い提案」、7位に「よき相談相手」、8位に「適切なアドバイス」と続きます。知識そのものと知識に裏打ちされたコンサルティング能力が上位にランクインしています。

「はじめに」で登場した証券会社の営業員の中田さんは、株の売買はネット証券に奪われて、証券会社の仕事はネットではでき

ない顧客の資産運用、節税などのコンサルタント業務に変わりつつあると報告してくれました。デジタル化とコロナ禍で従来の営業は変わりつつあります。チャットGPTなどのAIも実用化しつつあり、これからの営業員には専門知識に基づいて顧客の成功や幸福を支援するコンサルタント能力が求められます。

　若手の営業員はまず、商品、業界、そして顧客についての知識を得て**顧客の情報源の1つになる**ことです。そしてプロフェッショナルとして、二つ目の働く意味である一流を目指します。

■ スキル──テクニカル、ヒューマン、コンセプチャル

　アメリカの経済学者のロバート・カッツはマネジャーに必要なスキルは三つに区分され、マネジメントの階層に応じてその重要度が変わることを示しました。カッツモデルといいます。

① **テクニカルスキル（業務遂行能力）**：営業職であれば知識とそれに基づくコンサルティング能力

② **ヒューマンスキル（対人関係能力）**：広い意味でのコミュニケーション能力。リーダーシップ、他人のモチベーションを上げていく動機付け能力、プレゼンテーション能力、ヒアリング能力、交渉力なども含む

③ **コンセプチャルスキル（戦略的思考能力）**：戦略的思考、物事を長期的・多面的・本質的に考える力、理想を構想する力、柔軟性や受容性といった現実対応能力など。「概念化能力」と訳されているが、わかりにくいので筆者は戦略的思考能力と呼ぶ。

　カッツはヒューマンスキルについてはあらゆる階層で等しく必要だが、テクニカルスキルはより現場で働く主任級にとって重要、コンセプチャルスキルは経営層にとって重要としています。

　この理論は主任以上を対象にしたものですが、営業員にコンサルティング能力が求められる現代では、若手営業員であっても主

任程度にコンセプチャルスキルも必要と思い、ここで紹介しました。

図表5-4 カッツモデル

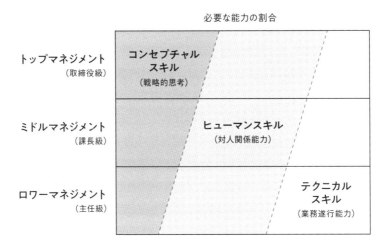

3 戦略の質

　営業の質の第二の要素が「戦略の質」です。前項のコンセプチャルスキルもその一環です。「はじめに」で**「営業で一番大切なことは『戦略』である」**と書きました。第1章から4章まで戦略のバイブルといわれるランチェスター戦略の基本理論を若手営業員向けに解説してきました。戦略とは会社が考えて営業員はそれを実行する戦術係ではありません。営業員1人ひとりに戦略が必要なのです。

　営業員は自らの営業目標達成のために自身で戦略シナリオを立案し、ターゲット顧客を選定し、自らの資源である時間や営業経費を最適に配分して実行します。会社の戦略と連鎖させながら、自らが策定した目標と戦略と行動計画を実施するからモチベーションも上がります。

　本項では、戦略策定で欠かせない**「市場の情報管理」**と、**「戦略シナリオの策定」**について解説します。**「ターゲット顧客の選定」**も重要な戦略課題ですが、次の4項で解説します。

■ 市場の情報管理

　情報なくして戦略なし。強者のほうが弱者よりも情報が豊富です。付き合いの長く深い顧客（自社が顧客内で強者）のことはよくわかりますが、付き合いの短く浅い顧客（自社が顧客内で弱者）のことはよくわからないものです。

　強者は社員数が多い。顧客や仕入先や関係する会社も多い。だから情報が豊富で速く正確です。それに比べると弱者は情報が乏しく遅く不正確です。この情報ギャップを埋めなければ弱者は強者には勝てません。まずは情報を収集することの重要性に気づか

なければなりません。

　営業員の攻撃力を増大する三つの管理項目の第一が「**市場の情報管理**」です。顧客と競合についての情報を営業員個人が管理するのではなく会社全体で管理することから始めます。間接販売をしている場合は販売代理店のことも、法人営業であれば顧客の顧客や顧客の競合にまで情報収集の範囲を拡げます。

━ 戦略シナリオの策定──いつ、どこの、誰に、何を売るのか

　戦略とは目標達成のためのシナリオと資源の最適配分です。目標の達成のためのシナリオの基本は、いつ、どこの、誰に、何を売るのか、です。

　「はじめに」で成果報告をしてくれた証券会社の中田さんは、NISAは成長期だが、福利厚生のNISAはまだ導入期という時（いつ）に、X県という自身のテリトリーのなか（どこの）では大きくて利益の出ている会社（誰に）を狙い、福利厚生のNISA（何を）を売りました。市場の時期、地域、顧客層、商品でシナリオを描き、目標を達成しました。

(1) グーパーチョキ理論──売るべきものを売るべきときに売る

　ランチェスター戦略では、市場の時期を導入期、成長期、成熟期以降に区分します。導入期はグーの戦略、成長期はパーの戦略、そして成熟期以降はチョキの戦略をとります。これを**グーパーチョキ理論**といいます。戦略シナリオの策定に使います。

　市場の導入期とは先発の戦略です。こぶしを握り締めて狭く鋭く市場に参入します。**導入期のグーの戦略とは差別化し、集中し、接近戦を展開する弱者の戦略**です。本業が強者であっても導入期は弱者の戦略をとります。

　当時、NISAは成長期ですが、福利厚生のNISAはX県では実績がなかったので導入期です。新たな福利厚生策として従業員満

足度を高めながら節税もできるとの価値を認める顧客に提案しました。

　成長期はパーの戦略です。グーッと握り締めて市場に参入したら、こぶしをパーッと拡げます。**成長期のパーの戦略とは製品、価格、顧客層、販売地域、販売チャネルを拡大する強者の戦略です。**本業が弱者であっても、経営規模が小さくても強者型の物量戦を展開するべき時期です。物量に劣ると先発が弱者になり、後発が逆転して強者になります。**強者の基本のミート戦略とは**このことです。

　X県の証券市場の強者は地銀のX銀行でした。筆者がX銀行なら、ライバル（中田さん勤務の証券会社）により県内で福利厚生のNISAが1件でも決まれば直ちに福利厚生のNISAの販売キャンペーンを実施し、最低でも3件は決めます。3倍の差をつければ後発でも「福利厚生のNISAといえばX銀行」とのイメージをつくることができます。強者のミート戦略です（実際にはそうはなりませんでした）。

　成熟期以降はチョキの戦略です。パーッと拡げた商品、価格、顧客層、販売地域、販売チャネルのうち、勝ち抜けそうなものは推進しますが、負けそうなものはチョキッとカットします。**成熟期以降のチョキの戦略とは弱者は弱者の、強者は強者の戦略をとることです。**

　中田さんが勤める証券会社は業界最大手ですが、株式売買はネット証券に負けつつあるので、そこでは戦わず、顧客の資産運用や節税対策といった金融コンサル業で勝っていく戦略です。

　このように市場の時期に応じて戦略を転換し、**売るべきものを売るべきときに売る**ことがグーパーチョキ理論を営業員が活かすということです。営業員は自社の商品がそれぞれ導入期か成長期か成熟期以降なのかを知り、グーとパーとチョキの戦略を使い分けます。

⑵ 地域×顧客層×商品＝一点集中主義──シンミドウの例

戦略シナリオづくりの基本要素は市場の時期と地域と顧客層と商品です。そして絞り込んだ特定の市場でナンバー1を目指します。その理解を深める事例を紹介します。

東京の池袋に事務所を構え、インターネットの求人サイトの広告代理店をしていた株式会社シンミドウは2012年に事務所を埼玉の大宮に移します。

東京の市場は大変大きいが競争が激しい。営業のアポイントがとりにくい。競合数が多い。受注率が低い。1件あたりの粗利も少ない。それに対して群馬県と栃木県は2県足しても市場は小さいが、競争はゆるやかでした。埼玉県はその中間的でした。競争性だけを考えると群馬か栃木に移るべきですが、社員の引っ越しのことを考えて埼玉に移ることにしたのです。

大宮は交通の要衝地です。埼玉県内のどこにも移動しやすい。また、大宮から新幹線に乗れば高崎や宇都宮は30分かかりませんので群馬や栃木を攻めやすいです。

こうして大宮を拠点に埼玉・群馬・栃木に重点地域を移したことで顧客接点が増えました（局地戦による接近戦の効果）。顧客のニーズをより深く知ることになります。埼玉以北の中小企業は東京に近いがゆえに東京に人材を吸い取られています。それなのに中小企業には人事部のノウハウが不足しています。人事制度、就業規則、教育制度といった制度の整備が遅れ、求人のアピール方法や選考基準なども発展途上です。

ここに人事コンサルティングのビジネスチャンスを見出します。メニュー化してコンサルティングを商品として販売します。ただし、顧客層は絞りました。従業員数が300人以上だと中小といっても大きい部類で人事部のノウハウがそれなりにあるということと、東京の人事コンサル会社と競合します。それだと不利なので300人以上は後回しにします。

逆に100人未満だと大卒の新卒を定期採用していない会社が多く、ニーズが活性化していない会社が多いです。また顧問契約している社会保険労務士が人事制度づくりに係わっているケースも増えます。社労士と競合すると価格で負けますので、100人未満も後回しにします。つまり、シンミドウは従業員100人以上300人未満を狙うべき顧客層とします。

　シンミドウは中小企業の人手不足が続くとき（いつ）に、埼玉・群馬・栃木（どこの）の従業員100人以上300人未満の企業に（誰に）人事コンサルという商品（何を）を売ることで、地域ナンバー1を目指しています。

4 │ 顧客の戦略的格付け法と定期訪問

　「戦略の質」のうち、「市場の情報管理」と「戦略シナリオの策定」について前項で解説しました。残りの「ターゲット顧客の選定」について本項で解説します。既存客の増注と新規開拓の増客のターゲットを選定します。

　既存客のなかでのターゲット選定は**「顧客の戦略的格付け法」**と**「定期訪問」**により行います。次項の第5項で解説する「活動の量」を最適化する決め手となることです。新規客のターゲット選定は「活動の質」と関連づけながら第7項で解説します。

(1) 顧客の戦略的格付け法

　勤務時間には限りがあります。ランチェスター戦略では長時間勤務を推奨していません。残業は無くすのが理想です。あっても³⁶協定の範囲内でなければなりません。その限られた時間を最も効果的に使うには顧客を格付けして、重要度に応じて時間を配分する必要があります。

　ここでいう格付けは与信ではなく、顧客の重要度です。ランチェスター戦略では「戦略的格付け」と呼んでいます。そのやり方は「ランチェスター式のABC分析」に基づいて行うのが正式なやり方です。ただし、1人の営業員がいますぐ取り組むのは簡単ではありません。そこで、若手営業員向けの本書では、いますぐ誰もができる「簡易版の戦略的格付法」について解説します。簡易版で成果が上がった後、正式なやり方を学び、部門全体で実施していただきたいと思います。

　顧客の格付けをしている法人営業の会社はあります。自社の売上が大きい顧客（例：月商300万円以上）、中くらいの顧客（例

			顧客の需要規模		
			A 大規模 例）年商10億円〜	B 中規模 例）3〜10億円	C 小規模 例）3億円未満
顧客内シェア	a	自社が ナンバー1	Aa：重要 例）月2回	Ba：重要 例）月2回	Ca：普通 例）月1回
	b	自社も他社も ナンバー1 ではない	Ab：重要 例）月2回	Bb：普通 例）月1回	Cb：非重要 例）3カ月1回
	c	他社が ナンバー1	Ac：普通 例）月1回	Bc：非重要 例）3カ月1回	Cc：非重要 例）3カ月1回
	d	未取引先 または スポットのみ	Ad：新規開拓先 4回訪問で判定	Bd：新規開拓先 4回訪問で判定	Cd：対象外

100万円以上300万円未満）、小さい顧客（例100万円未満）などと。この方式は現時点での顧客の重要度を示しますので意味はありますが、限界があります。それは未来の顧客の重要度を示していないからです。どの顧客に伸びしろがあるのか、どの顧客が攻略しやすいかといったことがわかりません。

顧客は需要規模という魅力度と、顧客内シェアという容易度の2つの軸で格付けすべきなのです。

図の5-5をご覧ください。顧客の需要規模の大・中・小を大文字のA・B・Cに区分します。例では年商10億円と3億円を基準としています。次に自社の顧客内シェアを小文字のa・b・c・dに区分します。

a：自社がナンバー1、独占先または自社がメイン

b：自社も他社もナンバー1ではない

c：他社がナンバー1、独占先または他社がメイン

　　d：未取引先、またはスポットのみの取引

　ナンバー1とは取扱い品目が一つで算出する場合は1位で2位に3倍以上の差をつけた状態です。複数の取扱い品目の合計で算出する場合は1位で2位に√3倍（約1.7倍）の差をつけた状態です。わかりやすくいうと以下の通りです。

　　a：自社の勝ちが確定し、戦いは終結している

　　b：戦っている途中

　　c：他社の勝ちが確定し、戦いは終結している

　　d：戦いが始まっていない段階

　A・B・C×a・b・c・dで、すべての顧客は12通りに格付けできます。取引先だけならdをはずして9通りです。

　このなかで最も重要な格はAaです。需要が大きく自社が強い取引先です。自社売上ランクでも最上位でしょう。Aaの顧客を増やすことは極めて重要な戦略課題です。次のAa候補は短期的にはAbのなかから見出します。BaもAaになる可能性はあります。既に自社は強いのでBaのうち、成長性の高い顧客の需要の拡大につながる客先繁盛支援を行います。**Aa・Ab・Baを重要なAクラス**とします。訪問やオンラインでの商談を多く設定します。例では月2回としています。

　Ac・Bb・Caは普通の重要度のBクラスです。ただし、AcとCaとでは性格が真逆です。Acは需要は大きいが自社は弱い、Caは需要は小さいが自社は強い。Caは必要以上にコンタクトしがちです。逆にAcは伸びしろがあるのにコンタクトが不足しがちです。Caは自社が強いので何かと用事がありますし、顧客から頼りにされています。営業員への対応も親しみやすいものなので、営業員はやりがいを感じますし、居心地もよいのでつい足が向きます。筆者はオアシス客と呼んでいます。営業員がビジネス砂漠でホッと一息つける顧客という意味です。ただし、Caはとりつくしていますし、衰退傾向にあれば減りつつあります。ここに必

要以上に時間をかけるべきではありません。

　逆にAcは顧客は大きいが自社が弱いので、用事も少なく、顧客から期待もされていません。訪問しても居心地がよくありません。ついつい足は遠のいてしまいます。しかし、一番伸びしろが大きいのがAcです。社内で攻略法を相談して取り組みます。Bクラスのコンタクト頻度は全体の平均を目安にします。Aクラスと次に述べるCクラスの中間程度になります。例では月2回としています。

　Bc・Cb・Ccは非重要なCクラスです。顧客別に自分が使った時間を割り当てて営業利益を算出すると赤字になっていることが多いです。ここに時間をかけるべきではありません。例では3ヵ月に1回としています。

　Ad・Bd・Cdは未取引先です。このなかから新規開拓候補先を選定します。その選定方法や開拓方法は第7項で解説します。

(2) 定期訪問

　顧客の戦略的格付けをして、既存客への月間の訪問またはオンラインの商談の回数を重要度に応じて定めます。**商談は商談案件がなくても定期的に行います**。オンラインも含めてこれを定期訪問と呼びます。

　なぜ、商談案件がなくても定期的に訪問するのか。それは**第一に顧客との信頼関係、顧客の担当者との人間関係を築き、顧客や競合する市場の情報を収集するため**です。「市場の情報管理」を推進するために定期訪問をします。

　顧客から情報を収集しようとするなら営業員は顧客へ情報を提供することです。そもそも、商談案件なくアポをとるのですから、顧客が営業員に会う理由が必要です。顧客の役に立つ情報を提供することです。顧客が営業員に第一に求めているのは知識なのですから。

　訪問の頻度が高ければ高いほど、顧客の案件情報を早く知ることができます。定期訪問の**第二の目的は案件情報を早く知り、その案件に先発して取り組むこと**です。先発は受注の第1条件です。先発すれば自社に有利に商談を進めやすいからです。

　定期訪問で信頼関係が築けていれば、顧客に案件が発生したときに第一に連絡してくれるようになります。これが**定期訪問の第三の目的の第一想起**です。顧客が1番目に想い起す営業員になるという意味です。

5 | 活動の量
——残業を減らしながら業績を上げる方法

　活動の量は勤務時間ではなく、顧客と商談している時間です。では、あなたは1日平均何時間、顧客と商談しているでしょうか。主要な担当顧客と1カ月に何回、商談しているでしょうか。

　コンサルタントの筆者は長年、様ざまな企業で活動量の増大のコンサルティングをしてきました。まずは現状を調べます。平均的には次のような状況です。1日の勤務時間のうち、顧客と商談している時間は20％強、9時間勤務で2時間程度です。1日の半分以上は社内で事務や打合せをしています。移動時間は3割弱で、商談時間よりも多いです。広いテリトリーを少ない営業員で担当していると1日の半分近く車で移動していることになります。

　コロナ禍になってオンライン商談が普及してきました。オンラインでの商談の割合が多ければ商談時間は伸び、移動時間は縮まります。時間効率はよいです。ただ、リアルにはリアルの良さがあるので組み合わせることが効果的です。

　業績目標を達成している営業員と達成していない営業員の勤務時間の使い方について調べたところ、目標を達成している営業員は、顧客と商談している時間が長いことが明らかでした。仕事があるから商談するので当たり前といえば当たり前ですが、これから業績を上げたいのなら商談を増やすことが有効であることは間違いありません。

　まず、営業員は自分自身の1日の勤務時間とその時間の使い方について現状を把握しましょう。そして、あるべき姿を描き、対策してきます。もちろん、残業を増やさないで考えます。

　業績は商談の件数・回数や時間に比例します。残業を減らしながら業績を上げるとは、商談の件数・回数・時間を増やしながら

図表5-7 残業を減らしながら業績を上げる方法

1. 活動の管理 「月間訪問管理表」	①朝の出発時間
	②一日の訪問件数
	③一客あたりの月間訪問回数
2. テリトリーの縮小	①小規模多拠点主義
	②重点地域の設定
	③地域担当制
3. 業務改革 訪問・商談以外の業務を営業員 からはずす、または短縮する	①集客、見込客づくり
	②納品
	③事務のモバイル化

残業を減らすということです。社内業務時間と移動時間を減らしながら商談を増やすことに取り組みます。

　第一に取り組むことは活動の管理です。これは営業員個人でも取り組むことのできることですので、まずは活動管理から取り組みます。**活動の管理は、市場の情報管理と商談のプロセス管理と並ぶ攻撃力を増大させる三つの管理項目の一つです。**

　1カ月間の自分の勤務時間をどう使うのが最も効果的で効率的かを考えます。営業の仕事は増客と増注です。新規開拓で増客し、既存客で増注します。これを推進するのが月間訪問管理表です。会社で活動管理のシステムがあるのなら、それを使ってください。ここでは、ない場合のエクセルベースの月間訪問管理表の作成と運用の方法を解説します。次ページの月間訪問管理表をご覧ください。

図表 5-8 月間訪問管理表

① 得	② 顧客	③ 基準	④ 計画	⑤ 予実	1日	2日	3日	4日	5日	6日	7日	8日	9日	10日	11日	12日	13日	14日	15日	16日	17日	18日	19日	20日	21日	22日	23日	24日	25日	26日	27日	28日	29日	30日	31日	⑫ 合計	⑬ 達成率
				予定 ⑧																																	
				実績																																	
				予定																																	
				実績																																	
				予定																																	
				実績																																	
				予定																																	
				実績																																	
				予定																																	
				実績																																	
				予定																																	
				実績																																	
定期訪問計				予定 ⑥																																	
				実績 ⑨																																	
その他の訪問				予定 ⑦																																	
				実績 ⑩																																	

　顧客の戦略的格付け（①）に基づいてコンタクトの基準（③）を定めます。ただし、ゴールデンウィークや夏休みなど月によって稼働日数が異なりますので、基準をもとに当月のコンタクト回数を決めます。計画と呼びます（④）。次に月間の予定を入れます（予定の欄）。この時点でアポがとれている場合はその日付に印をつけます。アポがとれていない場合は、この週には商談したいという営業員の希望を予定とします。月に4回商談するなら週に1回予定すればよいです。予定を入れたら1日の予定回数を合計します。実現可能な計画になっているのかを確認します。以上を月初めまでに作成します。

　毎日、当日の実績を記載します（⑧）。1日のコンタクト件数（⑨）は集計してください。日々の自分の活動量を知ることです。予定はアポのない時点で入れているので予定日と実績日のズレは気にする必要はありませんが、予定していた週のうちに実績があるかどうかは気にしてください。月間の計画が達成できるかどうかは毎週の予実管理次第です（⑪）。

　月末には顧客別のコンタクト回数の合計の実績（⑫）と計画（④）に対する達成率を算出します（⑬）。月間の総コンタクト回数も確認します。達成できたこと、増えたことはその伸長策を考え、達成できなかったこと、減ったことはその改善策を考え、翌月の計画に反映させます。

　活動管理で管理すると効果的なことは次の3つです。

① 朝の出発時間

②1日の商談件数

③1客あたりの月間商談件数

　朝早く出発すれば1日の外勤時間は長くなります。件数や1回あたりの商談時間も長くとれます。朝一番のアポをとることは顧客がその商談を重視している証拠です。朝が早いと商談の量だけでなく質も高まるということです。

1日の商談件数の目標をたてて目標管理することで商談の総数は着実に増えます。ただし、やみくもに数を追うのではなく、会うべき顧客に会うべきタイミングで会っているかどうかが大切です。顧客の戦略的格付けに基づく訪問計画を達成することが重要です。

　以上の活動管理を繰り返せば、確実にコンタクト回数は増え、業績は向上します。

　活動の管理以外に、残業を減らしながら業績を上げる方法としてテリトリーの縮小と業務改革があります。これらは会社全体で取り組むことです。活動の管理で実績を上げたら、さらに成果を上げる方法があることを上司に伝えて検討してもらいましょう。

6 営業活動の質
――商談プロセス管理で受注率を上げる

　若手営業員である読者は、この３カ月に何件の新規受注ができたでしょうか。新規受注とは新規顧客の開拓と、既存客でもリピートではない新規案件の受注のことを示します。

　図の５–９の上部をご覧ください。若手営業員の本多さんと榊原さんの二人の新規受注を比較しています。本多さんが６件受注したのに対して、榊原さんは２件と３倍の差があります。ターゲットとした件数は新規・既存併せて二人とも30件です。榊原さんがさぼっているわけではありません。努力はしたが成果の差が大きく出てしまいしました。

　読者が２人の同僚なら、榊原さんに何とアドバイスしますか。

図表5-9 商談プロセスの例

結果だけみても改善策は出ない

	本多さん	榊原さん
ターゲット件数	30件	30件
契約件数	6件	2件

プロセスをみれば榊原さんの改善点は明らか

	本多さん		榊原さん	
ターゲット件数	30件		30件	
初回訪問件数	24件	80%	24件	80%
提案件数	12件	50%	4件	17%
契約件数	6件	50%	2件	50%

もっと、頑張れではなく、どのように頑張ればよいのかを具体的にアドバイスしなければ無意味です。むしろ、榊原さんのモチベーションが下がることもあります。結果だけを見ても改善策は出ません。

　プロセスをみれば榊原さんの改善点は明らかです。図の5-9の下部をご覧ください。商談のプロセスと進捗数と進捗率を示しました。両者を比べるとターゲット件数と初回訪問は同じです。提案から契約へは分母が異なるので件数の差はありますが進捗率は同じです。違うのは初回訪問から提案です。本多さんは24件中12件進捗し、進捗率50%です。榊原さんは24件中4件進捗し、進捗率が17%です。ここで3倍の差がついています。

　榊原さんは提案に進む割合が低いことがわかりました。要因として考えられるのは初回訪問のやり方が悪い、または2回目以降の訪問のやり方が悪いので提案までいきつかないのでしょう。要因がわかれば改善策を講じることができます。初回訪問、2回目以降の訪問を見直すことです。

　攻撃力を増大する3つの管理項目の第一が市場の情報管理でした。第二が活動の管理でした。そして、**三つ目が活動プロセスの管理**です。活動の質を向上させる決め手となります。

　営業活動をプロセスに区分して、その目的・目標・内容を定義して標準化します。そして、その進捗を管理します。情報システムが導入されている会社はそれを使います。未導入の場合はエクセルで**案件進捗管理表**を作成します。図の5-10をご覧ください。

　10月1日時点で10件のターゲットを設定しました。1カ月後の11月1日時点での進捗状況を管理しています。10件のうち、9件が初回訪問できました。うち、5件が提案まで済みました。うち、1件が受注、1件が失注、1件の案件は流れました。この3件は決着がつきました。残りの2件は次回にクロージングの商談で決着がつく見込みです。

図表5-10 商談進捗管理表

21年12月15日更新

案件名	顧客名	案件発掘 ①ターゲティング	②初訪済み	案件進捗 ③提案済み	受注予定年月	④結果	次回アクション
01 aaa	ZZ	10/01	10/01	11/10	21年11月	11/15 受注	12/下 定訪
02 bbb	YY	10/01	10/02	11/25	21年11月	11/29 失注	1/上 メール
03 ccc	XX	10/01	10/03	11/28	21年12月	12/1 流れた	1/上 メール
04 ddd	YY	10/01	10/04	12/01	21年12月	12/5 受注	12/下 納品
05 eee	WW	10/01	10/05	12/03	21年12月	12/7 受注	12/下 納品
06 fff	VV	10/01	10/07	12/05	21年12月	12/8 失注	1/上 メール
07 ggg	UU	10/01	10/11	12/07	21年12月	12/12 受注	12/下 納品
08 hhh	TT	10/01	10/12	12/08	21年12月	12/13 失注	1/上 メール
09 iii	SS	10/01	10/12	12/09	21年12月	12/14 失注	1/上 メール
10 jjj	RR	10/01	10/13	12/10	21年12月	12/14 受注	12/下 納品
11 kkk	QQ	10/01	10/14	12/10	21年12月		12/下 訪問
12 lll	PP	10/01	10/14	12/12	21年12月		12/下 訪問

4件の初回訪問は済んでいますが提案に到っていません。1件は初回訪問が済んでいません。では、次のアクションをどうするのか。営業員は自らの案件進捗管理表を更新して定期的に上司とミーティングします。こうすれば個別具体的なアドバイスをもらえます。抱えている案件を一覧できるので、漏れや抜けがなく点検できて優先順位づけもできます。

7 | 新規開拓４回訪問の原則

　新規開拓は１回行ってダメそうなら諦めて、次々と新規先に訪問すべきか。それとも受注できるまで100回でも通い続けるべきか。この大切なことに多くの会社は基準を設けていません。営業員任せにしています。それではできる営業員はできるが、できない営業員はできないままです。できる営業員のやり方を標準化することで全体の成果を上げていく必要があります。

　ランチェスター戦略には「新規開拓４回訪問の原則」という考えがあります。できるだけ４回までは訪問を続け、４回目に見込み度を判定するやり方です。

　応用してもらってかまいません。受注単価が低い商品を扱っている場合は２回目で判定してもよいでしょう。見込み客が少数で、どうしても顧客化したい場合は、２カ月程度で４回訪問して判定してダメそうなら一度訪問は休止します。数カ月後に別の切り口で再び４回訪問を試みるなど繰り返してもよいでしょう。本項はまず、新規開拓のターゲット設定方法と、新規開拓の営業活動のプロセスを解説します。

⑴ 新規客のターゲット顧客選定法――弱者と強者で異なる基準

　新規客の候補の選定基準は強者と弱者とでは異なります。強者とはシェア１位です。トップブランドです。その市場のどの顧客にも通用する実力があります。したがって、魅力的な顧客を選べばよろしいのです。

　　・需要の規模が大きい
　　・需要の成長性が高い
　　・地理的に近い、行きやすい顧客

3項で紹介したシンミドウは東京で求人広告の代理店をやっていました。東京は上記の基準に当てはまる顧客が多いです。すなわち強者に有利な市場です。弱者の自社は埼玉に移るべきと考えたのは理にかないます。

　強者が魅力的な顧客を選ぶなら、弱者は容易度の高い顧客を選ぶのが原則です。

　　・参入業者が1社または少ない
　　・強者から地理的に遠く、自社からは近い顧客
　　・強者が後回しにしがちの顧客層

　営業員は参入業者が多い見込み客を新規開拓候補としてリストアップすることが多いです。複数の仕入先があるのなら自社からも仕入れてくれるかもしれないと考えるのでしょう。逆に1社しか仕入先がない見込み客はリスト化されないことが多いです。特別なつながりがあって2社目の参入の余地がないと考えるのでしょう。しかし、それは間違いです。

　自分が発注者の立場に立って考えればわかります。いま、ある部門の仕入先が4社ある会社が5社目を必要とするでしょうか。むしろ3社に絞りたいと考えるのが一般的です。いま、1社しか仕入先がない会社はそれでよいと考えているでしょうか。2つ目の選択肢の必要性を感じているのではないでしょうか。

　仕入先が1社しかない、または少ない会社は、選択肢を拡げたいとのニーズがあります。ライバルが少なければ差別化もしやすいので新規開拓の可能性は高いです。弱者の5大戦法の**「一騎討ち戦」にはライバルが少ない戦いを重視する**との考えがあります。このことを意味しています。

　弱者は強者と差別化するのが大原則です。強者が後回しにするのは効率の悪い顧客です。東京の人事コンサル会社は群馬や栃木の会社は遠いので後回しにします。300人未満の会社は需要が少ないので後回しにします。そこにシンミドウの狙い目がありまし

た。

⑵ 商談プロセス

　商談は新規開拓も既存客の新規案件もプロセスを区分できます。大きくは案件発掘段階、案件進捗段階、受注後の業務推進段階の三つです。案件進捗段階は①アプローチ、②ヒアリングに、案件進捗段階は③プレゼンテーション、④クロージングに、受注後の業務推進段階は⑤受注、⑥アフターサービスに区分されます。アプローチ、ヒアリング、プレゼンテーション、クロージング以降、失注した場合に分けて解説します。

① アプローチ

　新規開拓の初回訪問がアプローチです。営業員の適性のところで解説したことが大切です。残念ながら世の中には、顧客を奪い取る対象と考える利己的な営業員もいます。そんな輩とは違う、まともな会社の感じがよく、役立ちそうな営業員であると思ってもらうことが大切です。

　いきなり売り込もうとすると顧客は利己的な営業員ではないかと拒絶反応を起こします。アプローチの目的は商談を次回に進めることです。あせって売り込んではなりません。

　顧客への貢献意欲、役に立ちたいという思いを伝え、自社や自社商品や営業員自身に興味をもってもらう内容を用意します。筆者は15秒で相手の印象に残る自己紹介をする「15秒自己プレゼン」を推奨し、若手営業員に指導してきています。次章で事例紹介します。

　アプローチの目的は商談を次回に進めることです。目標は次回アポです。

② ヒアリング

ヒアリングというと顧客から情報を聞き出すという意味合いが強いのですが、**情報交換を通じて顧客の問題意識やニーズを顕在化すること**です。新規開拓の場合は2回目・3回目・4回目の訪問です。既存客の場合は具体的な案件のない情報交換の定期訪問です。

顧客にはどのような課題があるのか、複数の仮説をもちます。事例紹介の情報提供をするなどして仮説検証の対話を行います。顧客に課題に対する問題意識をもってもらい、ニーズを顕在化します。自社の商品の標準的な提案や、デモンストレーションなどの情報提供をして、自社がその課題を解決できることを認識してもらいます。

このような情報交換を通じて、顧客が自社からの提案を受ける必然性を感じていると判断できたら、個別具体的な提案をさせて欲しい旨を申し入れます。これを**テストクロージング**といいます。2回目から4回目の訪問までに提案許諾を得ます。これが4回訪問の原則です。

その結果、提案許諾が得られたら**ホット客**です。引き続き、提案に必要な情報を聞きます。ＢＡＮＴといいます。ⅰBudget（予算）ⅱAuthority（決裁権）ⅲNeeds（必要性）ⅳTimeframe（導入時期や商談の時期）。

提案は不要といわれたら**コールド客**です。これ以上の訪問はせず、⑤で解説する**リードナーチャリング**のリストに回します。あいまいな態度であれば**ウォーム客**と判断し、あと2回くらいはヒアリング訪問を続けます。2回目ではホットかコールドの2区分とします。商談中に与信や反社チェックなどで取引すべきでないことが判明したら商談回数によらず**NG客**として商談を中止します。

③ **プレゼンテーション**

プレゼンにはFABE（ファブ）の要素が入っていなければなりません。

ⒾFeature（フィーチャー、特徴）ⒾAdvantage（アドバンテージ、優位性・利点）ⒾBenefit（ベネフィット、顧客が得られるメリット）ⒾEvidence（エビデンス、根拠・証拠）です。この四要素が入っていなければプレゼンとして成立していません。したがって採用もされません。

四要素のなかで一番大切なことはBenefitです。一番反応がよいのはEvidenceです。多くの発注者は保守的です。実績があるものを採用したがります。実績がなくてもリスクをとって採用する人は稀です。EvidenceとBenefitで興味をもってもらってからFeatureやAdvantageを説明します。興味を持つ前にFeatureを長々と説明しても逆効果です。

④ **クロージング以降**

提案が終わると、顧客の担当者から「あとはこちらで検討して、追ってこちらから連絡します」とのコメントをもらうことが多いと思います。そのときに、その言葉通りにおとなしく待っていてはなりません。

筆者がコンサルティングした会社では提案後に3営業日内に再訪した場合と、4営業日以降に再訪した場合では受注率が3倍違ったことがありました。当日にお礼のメール、翌日は電話、そして3営業日内に再訪することをお奨めします。

顧客の担当者が好きで良い提案と認めても、社内で反対論が出る可能性があります。そもそも、プレゼンには決裁者、承認者、そのほか決定に影響を与える人物を引っ張り出しておくべきですが、こちらの思い通りに出席してもらえるとは限りません。プレゼンに出席していない人物にも採用と認めてもらうためには、待っていてはならないのです。

社内の決裁状況がどうなっているのかを確かめるために訪問します。ただし、どうなっているのかを知りたいと、こちらの都合をむき出しにするのは得策ではありません。追加資料を届ける名目で訪問することで熱心さや、役に立ちたい思いを伝えながら、顧客のご担当者の決裁に向けての社内調整で手伝えることがあれば協力する旨を申し出ます。そうして決裁状況や社内の情勢を知り、適宜的確な手立てを講じていきます。

　クロージングの後は受注か失注かに区分できます。受注した場合は、受注後の業務推進段階に進みます。受注業務と、アフターサービス業務です。既存客への営業員の定期訪問はアフターサービスと次なる案件発掘段階（アプローチとヒアリング）です。失注した場合は次のリードナーチャリングへリストを移します。

⑤ リードナーチャリング

　商談がうまく進捗しなかった先、コールド客、クロージングで失客した先、こういった見込み客は訪問を停止しますが、捨ててはなりません。受注しなかったのは、このタイミングの私の今回の提案がダメだっただけです。タイミングや人や提案内容が変われば答えが変わる可能性はあります。

　こういった見込み客はメールマガジンなどの訪問をしない定期的な情報提供をするとよいです。近年ではこれをリードナーチャリングと呼びます。リードとは見込客、ナーチャリングとは育成という意味です。セールス情報ではなくお役立ち情報をメインに、そのなかに反響が得られる仕掛け（資料のプレゼント、イベントの案内、お得なキャンペーンなど）を入れて定期的に届けます。かつてのコールド客がホット化することもあります。

8 | 営業チーム攻撃力の法則

　本章「営業戦略編」はここまで、ランチェスター第一法則を応用した「営業員攻撃力の法則：攻撃力＝活動の質×活動の量」をもとに、人材の質、戦略の質、活動の質、活動の量に分けて、営業員一人ひとりの攻撃力をアップさせる方法を解説してきました。

　ランチェスター法則には第2法則があります。集団戦のときに適用する法則ですので、これを営業チームの攻撃力に当てはめると

営業チーム攻撃力の法則：攻撃力＝活動の質×活動の量の２乗

図表5-11 営業チーム攻撃力の法則

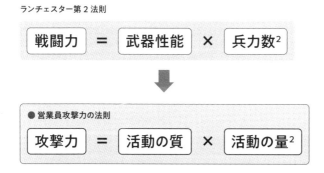

ランチェスター第 2 法則

$$戦闘力 = 武器性能 \times 兵力数^2$$

● 営業員攻撃力の法則

$$攻撃力 = 活動の質 \times 活動の量^2$$

相乗効果を上げる方法

1. ベクトルを合わせる
2. 業務を標準化する
3. 1人ひとりが何かで No.1 を目指す

と応用できます。

　ただし、10人の営業員がいたら10×10＝100の活動量になれば誰も苦労しません。10人いても個々バラバラに活動していたら足し算にしかなりません。1人でできることを2人でやっていれば半分です。1人ひとりの1つひとつの活動が足し算以上の成果となることを相乗効果といいます。チームのメンバーの個々の活動が相乗効果を発揮したときに、はじめて「営業チーム攻撃力の法則」が適用します。

　では、どうすれば個々の活動が相乗効果を発揮するのか？　重要なポイントを3点挙げます。**第1にベクトルを合わせること**です。ベクトルとは目指すべき方向性です。会社と自分が所属する部門と自分自身のベクトルを合わせます。**合わせるべき項目は目的・目標・戦略・戦術**です。

図表5-12 共通言語でベクトルを合わせる

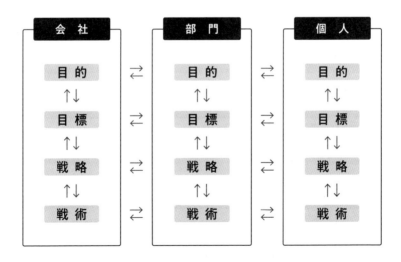

　第4章70ページに書きましたが大切なことなので繰り返します。目的の的とはマトです。何のために事業を行うのか。会社の理念と、部門のミッションと、自分自身の仕事をする志を連鎖させます。目標の標とは道標の標、道路標識の標です。目的の実現に向けて、この期間にどこまでやるのか。大きな目標はビジョンや中期経営経営計画です。そのうえで今期の会社の目標と、部門の目標と、自分自身の目標を連鎖させます。

　戦略とは目標達成のためのシナリオと資源の最適な配分です。会社と部門と自分自身の戦略を連鎖させます。その方法を本書で学んでいただきました。**営業員の戦略とは、いつ、どこの、誰に、何を売るのかを決めること**です。顧客の戦略的格付けは重要な戦略です。

　戦術とは戦略実行の手段です。戦術は連鎖させるというよりも、優れた戦術を共有し標準化していくのです。どのように売るのか、**営業員の戦術のなかで特に重要なのは商談プロセスの最適化**です。

　会社と自分の所属する部門と自分自身の目的・目標・戦略・戦術を定義して**共通言語**として共有することでベクトルを合わせます。共通言語とは日本語とか英語などのLanguageのことではなく、**組織で共通認識できる言葉**のことです。たとえば、自社内で「ナンバー1」とはどういう意味で使っているのかを共有していればベクトルは合わせやすいですが、社員によって違う意味で使っているとベクトルは合わせにくいということです。

　相乗効果を上げる第2のポイントは業務を標準化することです。戦術のところで触れた商談プロセスをはじめ、活動管理や市場の情報収集などを標準化します。これらは成果が上がりやすい、誰もが実施しやすいやり方を体系化したものです。標準的な仕事の進め方をしながら、一人ひとりが日々改善し、それを横展開していきます。

10人の営業チームの10人がそれぞれ1つの効果的な改善を提案したとします。それを全員で標準化すれば、10人が10個の改善をすることになります。全体では100個の改善をしていることになります。これが相乗効果ということです。

　ベクトルを合わせ、業務を標準化することは合理性の追求です。合理性を追求しなければ組織目標は達成されませんので、当然のことです。ただし、組織の構成員は人間です。道具や機械ではありません。感情をもつ生身の人間です。

　合理性を追求するなら、同時に人間性も追求しなければ働くモチベーションが高まりません。一人ひとりが自分自身の仕事をする志や夢を目指して、上から与えられたノルマではなく、成長したいという自らの目標をもつことでモチベーションは上がります。

　ナンバー1になることを重視しているランチェスター戦略の専門家である筆者としては、一人ひとりが、どんなことでもよいので何かでナンバー1を目指すことが人間性の追求になると考えます。**相乗効果を上げる第3のポイントは一人ひとりが何かでナンバー1を目指すことです。**

　第6章では若手営業員がどのようにして志と夢、そして成長の目標と戦略をもつべきなのかについて解説します。

20代営業員
自分の戦略

1 │ 若手営業員からの ランチェスター戦略の実践報告

　自社や自分の部署や顧客の戦略を理解し、それらと連鎖させて自分自身の戦略を策定する方法を本書で解説してきました。ランチェスター戦略でそれができると。最後の第6章では20歳代の営業員である読者が、自分自身を労働市場のなかで差別化し、営業の仕事で人生をつくっていくことについて書きます。

　「はじめに」で成果報告してくれた中田さん（証券会社の営業）とともに学ぶ大原さん（通信キャリアの営業）、黒川さん（電力関連の営業）に、成果報告をしていただきましょう。

■大原亜香里さん　社会人6年目
　勤務先：通信キャリア（大手商社系の上場企業）
　仕　事：ネットワーク回線の直接販売

　ランチェスター戦略を学ぶまでの私は「弱者の戦略、強者の戦略」というものがあることを知りませんでした。大きな会社に勤めていますので、周りの社員も私も、なんとなく「強者」の意識をもっていました。
　ランチェスター戦略では経営規模ではなく、**市場シェア1位が強者、2位以下は弱者であると定義**されています。ネットワーク回線の市場は3大通信キャリアが市場を寡占化しています。私の勤務先は大企業ですがシェアの極めて低い弱者だったのです。まずは**「弱者の戦略」に徹する**必要がありました。
　これまで私は競争とは価格競争のことを思い浮かべていました。弱者の基本戦略は「差別化」です。価格も重要な要素ですが、

弱者は価格以外の要素で差別化することが王道であると学び、**自社の差別化ポイントを明確**にしました。

　自社は大都市に集中して設備投資をしていますので、大都市間の通信は3大キャリアよりも高品質な通信を安く提供できることが一番の差別化です。大都市間以外の通信は3大キャリアの回線を借りています。優位性はありませんが、通信できないわけではありません。新規開拓についてはこの差別化ポイントを訴求していくことにしました。

　既存客については、これまで案件が発生すれば訪問していました。頻度は管理していませんでした。**ランチェスター営業戦略では「顧客の戦略的格付け」を行い、「定期的に訪問またはオンラインでミーティングする」**ことを学びました。さっそく、自分なりに格付けを行い、重要顧客を決め、重要顧客に対しては隔週のペースでミーティングをすることにしました。ミーティングで通信回線とその周辺についての課題をいただき、その改善策を次回ご提案するという流れができました。

　その結果、新たな回線の販売や通信関連機器やサービスの販売ができました。年間100万円以上の売上増となった顧客が何軒もできました。

　そして、ランチェスター戦略を学んで数カ月後に、私は**年間売上5億円の大規模な新規開拓に成功しました！**　6社コンペで勝ちました。大手の損害保険会社のグループ企業で全国に700拠点ある大企業です。あまりにも大きな会社なので、3大キャリアに勝てる可能性は低いと社内で云われていました。しかし、私は同社の拠点が大都市に集中していたので勝てる可能性があると社内を説得し、システムエンジニアと組んでコンペに望みました。

　・大都市間の通信が高品質で低価格で費用対効果が高い
　・通信に付帯する機器やサービスについてあらゆることに対応できる（自社が大手商社グループで何でも調達できる）

・システムエンジニアとしっかり事前準備をして仮説をたて初回ミーティング時よりソリューション提案を実施
・コロナで訪問禁止だったのでオンライン面談を高頻度で行い、電話は毎日した

　内容的にも熱心さにおいても他よりも優れていたとのことで受注しました。とりわけ、初回から個別提案したことで好印象をもっていただいたことが効いたようです。**他社の営業員と差別化できた**と思います。

　自分は押し出しが強いタイプではなく営業に向いていないと思っていましたが、営業の仕事に自信がつき、仕事にやりがいを感じるようになりました。

■黒川健也さん（仮名）　社会人4年目
　　勤務先：電力関連（非上場だが売上1,000億円以上の大企業）
　　　　　　K県の営業所
　　仕　事：電機設備の点検の直接販売

　高圧の電気を使う事業所は定期的に点検をすることが法令で義務づけられています。電気設備の点検の市場にはシェア50％程度のナンバー1が存在します。自社は2位ですが全国シェアは12％しかありません。私はK県のA市の対象2,000軒、うち自社顧客300軒を担当しています。シェア15％の弱者です。

　私の仕事は既存客の維持と付帯する商品やサービスの販売も行いますが、最も重要な仕事は新規顧客開拓です。ランチェスター戦略を学ぶまでは、がむしゃらに量をこなすことで成果を上げようとしていました。**ランチェスター法則「攻撃力＝武器の性能×兵力の数量」を知り、量も大切だが、質も大切**ということを学びました。会社の差別化と自分自身の差別化です。

　まずは弱者である自社の差別化ポイントを整理しました。自社

には点検するだけでなく顧客の電気設備を24時間監視する装置があります。後発だった自社を業界2位にまでシェアアップしたことに大きく貢献しました。その後、**ミート商品**も相次ぎ発売されましたが、自社の装置は電力使用量も監視し、省エネ、電気代の節約にもなる機能があります。

　自社のライバルは業界ナンバー1の最大手と、地場の個人事業主（電気保安関係の国家資格をもつ）です。最大手はそのシェアの高さから、顧客に対してやや傲慢なところがあると聞きます。地場も長年の付き合いにあぐらをかいているようなところがあると聞きます。**ランチェスター弱者の接近戦や営業戦略では顧客との接触頻度が大切**ということを学びました。これまで商談件数の総数は追求してきましたが、接触頻度については気にしていませんでした。私は自分の若さを活かして接触頻度を増やすことと顧客に役立つ情報提供をすることで自分自身の差別化ができると考えました。

　ランチェスター営業戦略で**営業員の第一の適性は「誠意ある言動」**をとることと学びました。この言葉に私はハッとさせられました。私は新規の契約が欲しいです。欲しくて欲しくてたまりません。その気持ちが強すぎたのか、自社の良いところは語るが、劣っているところや不向きなことには触れないようになっていました。正直さや顧客に役立ちたいという気持ちが後回しになっていたのです。契約を欲しがりすぎてしまっているのか、断られるのが怖くて、契約のお願いや、紹介をお願いすることができずにいることもありました。

　私は顧客に役立つことなら自社が不利なことでも誠意をもって本音で顧客にお話しすることにしました。こちらが本音で話せば、顧客も本音で話をしてくださることがわかりました。「契約して欲しいです」「紹介して欲しいです」と本音でストレートに話すことができるようになりました。

300軒の既存客のうち、社長と直接話ができるのは45軒ありました。45軒に対して毎月訪問し、電力に係わるお役立ち情報を提供しました。話の流れで契約の更新や付帯サービスの契約や紹介を本音で依頼します。

　紹介を受けた先にも同様に定期訪問をします。これまでの新規開拓は契約できなければ完了でした。ランチェスター戦略の「見込客のプール」をつくるという考えで、契約に至らなくても電力に係わるお役立ち情報を提供し続けることにしました。その後、売電や電気料金の高騰など電力に係わる情勢は変化します。変化すれば再提案のチャンスです。

　新規開拓の件数がランチェスターを学ぶ前に比べて2割増えました。また、顧客のある社長から「うちに来ないか」と転職の誘いがありました！　本音で話していたから相手も本音が出たのだと思います。ありがたいお話でしたが丁重にお断りしました。会社で昇格もして、この仕事が面白くなってきていますので。

ー ランチェスター戦略を営業員が取り入れるポイント

　「はじめに」の中田さんも含めた三人とも、まずは自社が弱者か強者かを見極めることから取り組みました。

　・会社が大きいから強者ではない
　・業界最大手であっても自身が担当する市場（地域や顧客や商品）でシェア1位でなければ弱者である

　弱者であれば弱者の戦略で戦います。差別化、集中、接近戦といった戦い方です。価格は差別化の要素の一つではあるが、すべてではありません。価格競争は原則として強者に有利な方法なので、弱者は価格以外で差別化するのが王道です。

　営業員は営業目標を達成するためのシナリオを描き、資源を適正に配分します。いつ（時期）、どこの（地域）、誰に（顧客層）、何を（商品）売るのかが戦略です。そのために市場の情報を収集

し管理します。既存顧客を戦略的に格付けて、格に応じて時間を配分し、活動を管理します。新規開拓や既存客の新規案件の獲得については商談プロセスを定義し、進捗を管理します。

　自分自身のモチベーション、知識、スキルの向上に取り組みます。誠実な言動をとり、顧客の信頼を得る上で営業員の適性を自覚するといった、行動指針が根本的に重要です。

2 | 競争を嫌う20代のビジネスパーソンたち

中田さん、大原さん、黒川さんの三人は「しがく」というリーダーシップ教育機関で学ぶメンバーです。「しがく」は20歳代のビジネスパーソンと大学生を主な対象としています。新卒紹介事業などを営む株式会社キャリアコンサルティングが主宰しています。

筆者は縁あって2018年に「しがく」で学ぶ若者1,000人くらいに対して講演をしました。本書の1・2・3章に書いたランチェスター戦略の基本的な話をしました。「しがく」では受講者が講師に感想文をフィードバックしています。講演後に1,000人くらいの感想文が宅配便で届きました。

感想文を読んでいると約6割の人は競争を肯定的に捉えていました。勝つ意欲はありますが、勝ち方を知っているわけではなさそうでした。約3割の人は競争を否定的に捉えていました。または勝ち負けに対して関心が薄いようでした。残り1割は不明。

「しがく」のメンバーは会社から派遣されているわけではありません。自らの意思で参加し、費用も時間も自分で負担しています。リーダーになりたいので時間もお金も使って学んでいます。いわゆる「意識高い系」若者です。そんな人でも競争を否定的に捉えている人がいることに筆者は驚きました。

競争に無関心で組織のリーダーが務まるでしょうか。競争に負け続けるリーダーのチームは崩壊します。どんなに人間的な魅力があっても競争に弱ければリーダーは務まりません。

意識高い系ですら、3割も競争を否定しているということは実社会では半数以上が競争を否定している可能性があります。このような問題意識を「しがく」を運営するキャリアコンサルティング社の室舘勲代表に伝えたところ、「しがく」のメンバーを対象に「福永ランチェスター戦略塾」が開催されることになりました。

毎月1回1時間半の勉強会を1年間で1期として開催しています。本書発売時で4期目が進行中です。

━ 競争は人々を幸せにするのか

なぜ、競争を嫌うのか。「世界にひとつだけの花」という大ヒット曲があります。歌の歌詞を真に受けて頑張らない人がいます。頑張ると周りから浮きそうとの同調圧力もあります。負け犬根性がしみついて自分を諦めている人もいます。過去の大きな敗北がトラウマとなって自己防衛的に負けを正当化している人もいます……このように競争を否定する考えには様ざまなものがあります。

「しがく」でリーダーシップを学ぶ若者は正義感が強い人が多いです。何事にも良いところと悪いところがあるものです。光が強ければ影もまた濃くなるものです。正義感が強い人は良いところを小さく捉え、悪いところを大きく捉える傾向があります。競争の良いところと悪いところをよく把握することが大切です。

競争には学校の成績、スポーツ、勝負事、戦争、生き物の生存競争など様ざまありますが、ビジネスの競争の良いところと悪いところを整理しましょう。

━ 資本主義経済の功と罪

私たちは毎日、食料やスマホ利用など様ざまな商品やサービスを購入し、消費し、生活をしています。商品やサービスを生産しているのは企業です。私たちは企業で働き、所得を得て、その所得で商品やサービスを購入しています。この**商品・サービスの生産から消費に到る社会的な仕組みが経済**です。

「経済」はeconomyの訳語です。economyの語源は「家計のやりくり」です。訳語となった「経済」は中国古典の「経世済民」の略語です。経世とは世を治めること、済民とは民を救うことです。

157

economy も経済も「人々の暮らし」からできた言葉です。語源を踏まえて、筆者は経済を次のように定義します。

経済とは、人々の暮らしをよくするために、商品・サービスの生産から消費に到る社会的な仕組み

　現在、世界の多くの国は**資本主義経済**です。18世紀のイギリスの産業革命以降、社会が工業化するなかで広がった仕組みです。資本主義の特徴は次の3点です。
① 設備など生産手段が私有（資本家）である
② 市場の自由競争で経済活動が営まれている（市場経済という）
③ 競争を肯定し、その結果の利益追求を肯定している
　各社が利己的に自由に競争をすることで、よりよい商品やサービスが普及します。技術も革新し経済も発展します。その結果、人々の暮らしがよくなる仕組みが資本主義経済です。
　しかし、19世紀になると資本主義の弊害がみられるようになります。資本主義の弊害は次の通りです。
① 一部の資本家が大富豪となり多くの貧しい労働者との格差が
　広がる
② 恐慌が周期的に起こり、そのたびに多くの失業者がでる
③ 一部の大企業が市場を支配し、独占の弊害が発生する
　江戸時代が終わろうとしていた1860年代にヨーロッパを訪れた渋沢栄一は資本主義の功と罪を学んで帰りました。渋沢は日本の資本主義の父といわれますが、渋沢本人は資本主義という言葉を使ったことはありません。「合本主義」と呼んでいました。資本主義の良いところは学び、悪いところを直して日本に取り入れようとしたからだと思います。
　資本主義の反動として、**社会主義経済**が生まれました。社会主義経済とは資本主義の逆です。設備など生産手段が国有であるこ

と。国家が経済を管理し競争を認めない（計画経済という）、競争や利益を否定し、財産の私有も認めないというものです。

旧ソ連や中国などがそうでしたが、成功しませんでした。いま純粋な社会主義経済国は北朝鮮くらいではないでしょうか。社会主義経済がうまくいっていないのは競争を否定しているからだと思います。競争しなければ技術開発は進みません。個人の利益を否定されれば働く意欲も高まりません。

競争を否定した社会主義は人々の暮らしをよくしていませんが、資本主義にも弊害があります。1929年の世界恐慌は第二次世界大戦を招く要因になりました。資本主義を修正していく**修正資本主義**が生まれました。国家が経済に積極的に介入して資本主義の負の側面を補おうという考えです。需要と供給を政府が調整しようというものです。供給過多は恐慌を招きます。そんなときは需要を創出する政策をとります。個人消費、企業の設備投資、公共事業などです。

ただし、修正資本主義がすべてを解決しているわけではありません。2008年にはリーマンショックもありました。資本主義は社会主義よりはよいが、決して完璧なものではありません。矛盾をはらんだものであることを自覚しながら資本主義の世界を生きていかなければなりません。資本主義とその根源である競争の良いところは伸ばし、悪いところは直しながら、良い競争、美しい競争をしていくべきです。

─ 渋沢栄一の論語と算盤

　良いところは伸ばしながら、悪いところは直しながら、よい競争、美しい競争をするとはどういうことか。資本主義を修正した合本主義で経世済民に取り組んだ渋沢栄一は、その著書「論語と算盤」で次のように語っています。

> ・真正の利殖は仁義道徳に基づかなければ、決して永続するものではない
> ・事業は一個人に利益ある仕事よりも多数社会を益して行くのでなければならぬ
> ・空理空論なる仁義というものは、国の元気を沮喪し、物の生産力を薄くし、遂にその極、国を滅亡する
> ・論語と算盤は、はなはだ遠くて近いもの

　江戸時代から近江商人には「売り手よし、買い手よし、世間よし」との「三方よし」の商道徳がありました。江戸時代の経世家で信用金庫や信用組合の源流の一つとされる「五常講」を起こした二宮尊徳は「道徳なき経済は罪悪であり、経済なき道徳は戯言である」との思想をもっていたといわれます。

─ 上野千鶴子の東大入学式式辞

　平成31年度（2019年度）の東京大学の入学式において上野千鶴子さん（東京大学名誉教授）が行った挨拶が、よい競争・美しい競争とは何かを考えるヒントになります。その一部を紹介します。全文は以下の東京大学のホームページでご確認ください。

https://www.u-tokyo.ac.jp/ja/about/president/b_message31_03.html

　ご入学おめでとうございます。あなたたちは激烈な競争を勝ち抜いてこの場に来ることができました。

　その選抜試験が公正なものであることをあなたたちは疑っておられないと思います。もし不公正であれば、怒りが湧くでしょう。が、しかし、昨年、東京医科大不正入試問題が発覚し、女子学生と浪人生に差別があることが判明しました。

―中略―

　あなたたちはがんばれば報われる、と思ってここまで来たはずです。ですが、冒頭で不正入試に触れたとおり、がんばってもそれが公正に報われない社会があなたたちを待っています。そしてがんばったら報われるとあなたがたが思えることそのものが、あなたがたの努力の成果ではなく、環境のおかげだったこと忘れないようにしてください。あなたたちが今日「がんばったら報われる」と思えるのは、これまであなたたちの周囲の環境が、あなたたちを励まし、背を押し、手を持ってひきあげ、やりとげたことを評価してほめてくれたからこそです。世の中には、がんばっても報われないひと、がんばろうにもがんばれないひと、がんばりすぎて心と体をこわしたひと…たちがいます。がんばる前から、「しょせんおまえなんか」「どうせわたしなんて」とがんばる意欲をくじかれるひとたちもいます。

　あなたたちのがんばりを、どうぞ自分が勝ち抜くためだけに使わないでください。恵まれた環境と恵まれた能力とを、恵まれないひとびとを貶めるためにではなく、そういうひとびとを助けるために使ってください。そして強がらず、自分の弱さを認め、支え合って生きてください。女性学を生んだのはフェミニズムという女性運動ですが、フェミニズムはけっして女も男のようにふるまいたいとか、弱者が強者になりたいという思想ではありません。

161

フェミニズムは*弱者が弱者のままで尊重されることを求める思想*です。

—後略—

読者には本書で学んだことを自分が勝ち抜くことだけに使わないでいただきたいです。

━ 筆者の競争の哲学

競争を指揮する人が「勝つためには手段を選ばない」との思想のもと競争するととんでもないことになります。組織のリーダーや、筆者のような競争の専門家には特段の倫理観が求められます。筆者は次のような競争の哲学を確立しています。

・ビジネスは戦（いくさ）である。戦う以上は勝たなければならない。負ければ悲惨がまっている

・勝つためには手段を選ばないような**覇道経営**は瞬間的には勝てるかもしれないが長続きしない。

・勝ち負けを決めるのは顧客である。

・顧客は1番を選ぶ。いちばん歓びを提供してくれる会社や担当者を選ぶ。2番は選ばれない

・1番をいちばんたくさん集めた会社が業界1位の強者

・売上高とは歓び高、役立ち高である

・顧客の成功や幸せに寄与し歓んでいただく、役立つことを通じて社会に貢献する。そのことで自社を繁栄に導くのが**王道経営**である

・ライバルとの競争は歓びや役立ちの度合いを切磋琢磨する向上戦である

読者には、渋沢栄一、上野千鶴子、及ばずながら筆者の考えを参考にして自らの競争の哲学を確立して、よい競争、美しい競争をしていただきたいと思います。

4 ｜ 令和時代を生き残る営業員

　「武」をもって治めるのが覇道、「徳」をもって治めるのが王道です。戦国時代を統一するときは覇道の腕力が必要ですが、覇道の政権は長続きしません。道徳に基づいた王道でなければならないのです。

　渋沢の論語と算盤をいま風に云うと「理念と戦略」です。理念に基づいた経営でなければなりません。ただし、きれい事だけでは事業経営が成り立ちません。よい競争・美しい競争をしても負けたら悲惨です。戦う以上は勝たねばなりません。勝ちたい企業や人に筆者は長年、ランチェスター戦略を奨めてきました。

■ 瀧本哲史の「生き残る4つのタイプ」

　ランチェスター以外にも渋沢栄一など、若者に様ざまな本を奨めてきました。47歳で亡くなった京大客員准教授の瀧本哲史さんが2011年に書いた「僕は君たちに武器を配りたい」という本もその一つです。同書の主張を以下に整理します。

　資本主義経済は「よりよいものをより安く大量に供給する」ことを追求しています。商品が安くなると人件費も安くなります。「差がないものは買い叩かれる」ものです。

　*そのような社会で、自分自身で考えずに、ただ人に使われているだけでは、差がなく買い叩かれるコモディティとなります。「安いことが売り」ではワーキングプアです。買い叩かれるコモディティを避けるためには**スペシャリティ**になることです。**他のものには替えられない唯一のもの**という意味です。*

　スペシャリティは6つのタイプに分類できます。

① トレーダー（営業員）……商品を遠くに運んで売ることができる人
② エキスパート（専門家）……自分の専門性を高めて、高いスキルによって仕事をする人
③ マーケター……商品に付加価値をつけて、市場に合わせて売ることができる人
④ イノベーター……全く新しい仕組みをつくることできる人
⑤ リーダー……みんなをマネージ（管理）してリーダーとして行動する人
⑥ インベスター（投資家）……投資家として市場に参加している人

　ただし、デジタル化の伸展は今後、トレーダーの営業力やエキスパートの専門性をスペシャリティからコモディティにしていくので生き残れません。生き残るのはマーケター以降の4つのタイプです。4つのどれかを目指すというよりも、状況に応じて4つのタイプを使い分けることが大切です。

■ 顧客の成功を支援するコンサルタント営業

　瀧本さんは、トレーダー（営業員）はコモディティ化するので買い叩かれると指摘しました。筆者も営業員は進化しなければ生き残れないと考えます。

　いわゆる「御用聞き営業」はその歴史的な役割を終えつつあります。工場の工具などの単価が安く購買頻度の高い消耗品は、かつては工具店の営業員が納品しながら注文をとっていました。御用聞き営業の典型です。いまはモノタロウなどのネットで注文する工場が多いです。

　このような消耗品の営業（ルートセールスという）は、人を介さずデジタルで販売する仕組みに移管しつつあります。瀧本さんのマーケターやイノベーターにはその仕組みをつくり運用する仕

事が含まれていると思います。

　工場の機械や設備など単価が高く購買頻度の低い耐久品は、いまも営業員が訪問して商談しています（案件セールスという）。ユーザーとメーカーの知識の差もあります。カスタマイズすることも多いので営業員が必要とされています。ただし、AIが進化・普及していくと、専門的な耐久品であっても、顧客が購入したい商品がある程度わかっているものはAIに代替されていくと思います。

　最後に残るのは、顧客が購入したい商品がわからない場合や、まだ知られていない新しい耐久品の営業ではないでしょうか。顧客の課題を把握し改善・解決する手段を提供し、顧客の成功を支援する**コンサルタント機能**が求められます。新しい商品の価値を伝道する**エバンジェリスト（伝道者）機能**も求められます。

　「はじめに」の証券会社の中田さんはNISAを従業員満足度を高め節税対策にもなる企画として販売しました。コンサルタント機能とエバンジェリスト機能を果たしています。いま、証券会社は株の取引はネット証券に代替されつつあります。証券会社は資産運用コンサルタントでなければ生き残れません。コンサルタントとエバンジェリストの機能を果たす営業員が令和時代に生き残ることができるのです。

━ 20代の強みと弱み

　差別化は自社と競合他社の強み・弱み分析から始まります。読者には自分自身の強み・弱み分析をして労働市場のなかで勝ち残ってほしいです。ここでは20歳代の営業員に共通する強みと弱みを整理します。

・強み
　① 体力がありエネルギッシュでフットワークがよい
　② デジタルに強い、若者に強い

・弱み

　① 社会経験が少なく忍耐力や辛抱強さに不安

　② 実務経験が少なく成功体験・失敗体験も少ない

　強みは伸ばします。強いところをトコトン強くするほうが勝ちやすいですし、楽しいです。次に弱いところを補います。補い方は第一に会社の力を借りることです。自分自身の社会経験や実務経験の足らざるは上司や先輩や専門スタッフの力を借りて補います。大原さんは社内のシステムエンジニアの力を借りて大型案件を受注しました。

　第二に**弱みのなかに強みを見出します**。社会経験や実務経験が少なければ顧客の期待値は下がります。下がりすぎると「担当者を変えてくれ」とのクレームになりますが、熱心に取り組めば期待値が低いので「若いのに、なかなかやるな」と高評価を得やすいです。失敗体験が少なければチャレンジできます。成功体験が少なければ既成概念にとらわれない自由な発想ができます。経験が少ないことでよい意味での素人発想ができます。このように考えれば弱みのなかに強みを見出せます。

■ 1万時間の法則とランチェスター法則

　瀧本さんのインベスターとはお金を投資してビジネスオーナーを目指すということだけではありません。投資家的に考えることも含みます。読者は何歳まで現役のビジネスパーソンでいるつもりでしょうか。これからは健康であれば70歳くらいまでは働くのが一般的になるでしょう。25歳ならあと45年間も働くのです。仕事で成功し幸福を得たければ、自分の時間を投資して自分自身を魅力的なビジネスパーソンにしていくべきと筆者は考えます。

　残業を減らすことはけっこうなことです。その一方で時間を投資しなければ一流になれないのも現実です。「1万時間の法則」という考えがあります。マルコム・グラッドウェルの書籍「天才!

成功する人々の法則」で紹介され広まった考えです。一流のアスリートやアーティストが成功するまでに積み重ねた練習や下積みがおよそ1万時間であったことを事例で紹介。人は何かを習得するのに1万時間の練習が必要であることを主張しました。ビジネスパーソンにも当てはまると。1万時間は、1日1時間であれば約28年、1日3時間であれば約9年間、1日8時間であれば約3年半です。

　ランチェスター第1法則は「戦闘力＝武器性能×兵力数」は「成果＝努力の質×量」と応用できます。質も大切ですが、成功は量が決め手ということは筆者も納得です。

　第2法則は「戦闘力＝武器性能×兵力数の2乗」は「成果＝努力の質×量の2乗」と応用できます。仲間と切磋琢磨しながら取り組めば相乗効果を発揮し成果は大きなものになることを示唆します。1人で勉強する人よりも一流校や一流予備校で勉強した人の合格率が高いものです。

　仕事のなかに楽しみを見出すことができれば、遊びのように夢中になって仕事ができるものです。仕事に働き甲斐を感じることができれば仕事をすることが生き甲斐になります。

5 | 15秒自己プレゼン

　「しがく　福永ランチェスター戦略塾」では令和時代に生き残るために自己紹介も差別化しようとの考えのもと、ビジネスパーソンである自分を自身で15秒でプレゼンするトレーニングも行っています。まず、筆者自身が見本を示します。

■福永雅文

コンサルタント会社経営

小が大に勝つ、弱者逆転を使命として、わが国の競争戦略・販売戦略のバイブルともいわれるランチェスター戦略を伝道しています、コンサルタントの福永です。

　自分は何者で、誰に何を提供しているのか。どのような志や夢をもって仕事をしているのか。顧客の成功をどのように支援するのか（コンサルタント機能）。どんな新しい価値を普及しようとしているのか（エバンジェリスト機能）。
　自分のビジネス関係者に15秒間で自己紹介する、自分自身の差別化への取り組みです。以下、塾生の作成したものを例として紹介します。これらを参考に読者にも作成していただきたいと思います。自分自身を差別化する一手となります。

■近藤祐輔

専門学校勤務　広報担当　社会人10年目

生徒就職率100%の新宿調理師専門学校にて広報をしています近藤祐輔です。職員唯一の営業出身者として、本校の教育を広め、飲食業界の格を上げその先の日本を良くすることを志します。

■中村美樹

出版社勤務　営業職　社会人8年目

看護師国家試験受験生シェア率90%の参考書を出版している
メディックメディア営業部の中村美樹です。看護学校や学生
の困りごとを解決することを使命とし、看護学校の国試合格
率100%を支援しています。

■鈴木駿介

**営業支援システム会社勤務　カスタマーサポート・管理職
社会人9年目**

コンベックスの鈴木駿介です。注文住宅営業マンのアポイン
ト倍増を使命とし、ITの力で見込み客との活動を見える化し
ています。500社以上の導入実績、注文棟数2倍の実現の喜び
の声もいただいています。

■加藤美月

人材会社　営業職・支店長　社会人4年目

人材会社で「10年後のキャリア支援」をモットーに支店長をし
ています、加藤です。福祉業界の人材紹介での1年後定着率
は5割です。そのため、定着率8割になるよう紹介予定派遣サー
ビスの普及をしています。

■西河瑞幾

IT分野の世界規模の調査機関　営業職　社会人7年目

デジタル変革こそが日本経済を再生させる。そう信じてITに
ついて世界で最も知見を持つと評価されているガートナーで、
経営の意思決定をサポートするIT顧問サービスの営業をして
おります。西河です。

169

■坂上明（仮名）

日本酒ベンチャー企業勤務　バイヤー　社会人7年目

国内最大級の日本酒定期便サービスを運営する日本酒ベンチャー企業のバイヤーです。一家に一本日本酒がある世界を目指し、300種類以上のマイ日本酒リストから、とっておきの一本をオススメします。

■柳沢純

IT会社勤務　営業職・課長　社会人8年目

IT企業で『営業とエンジニアの二刀流』をしています、柳沢純です。営業では人材紹介を、エンジニアではシステム開発をすることで、IT業界の人材不足を解決していきます。

■三浦美咲

IT会社　企画担当　社会人4年目

日本最大規模の医療データを持つメディカル・データ・ビジョン（株）にて、事業企画をしています。国民の健康寿命を延ばすことを使命とし、現在は、スマートフォンのヘルスケアアプリの企画をしています。

■海野朝日（仮名）

企業信用調査会社勤務　調査・分析担当　社会人5年目

企業信用調査会社に勤めている海野です。"経営者への有益な情報発信"を使命に、企業動向の調査・分析を行っています。NHKの「おはよう日本」への出演経験もあり、多くの新聞などメディアを通して情報発信をしています。

■加藤隼也

水処理事業会社勤務　技術職　社会人5年目

浄水場や下水処理場など水に関わる施設の点検や監視の仕事をしています。水を通して社会貢献し続けることを使命に、皆さんの当たり前の生活を支えていきます。

■加藤春菜

クラウドファンディング会社　営業職　社会人7年目

国内最大級のクラウドファンディング、株式会社CAMPFIREエンターテインメント部で営業をしている加藤春菜です。挑戦に必要な資金集めと仲間づくりをサポートすることで、人々の夢や目標が叶う世界を目指しています。

■入江匠哉

人材会社勤務　ウェブスクール事業担当　社会人6年目

授業をしないウェブデザインスクールXX（スクール名）を運営しています、入江匠哉です。体系的な学習動画と1on1の徹底サポートであなたの独学を形にします。

おわりに

読者のあなたへ

　営業の仕事で成果を持続的に上げていくために1番大切なこと
は「戦略」です。自分の営業目標を達成するために、いつ、どの
地域の、どの顧客層に、何の商品を売るのかのシナリオを描き、
時間などの資源を最適に配分します。

　では、1番大切な戦略は誰が考えるのか。それは営業員である
あなたです。会社全体の戦略や自分の所属する部門の戦略を理解
したうえで、自分自身の戦略を考え、実行し、PDCAを回しなが
ら成果を上げていくのが営業員の仕事です。

　顧客の成功を支援するコンサルタント機能を果たさなければ、
これからの営業員は通用しなくなります。顧客の繁栄や幸福を支
援するにも戦略は必要です。

　謝辞

　ランチェスター販売戦略は、1970年に故田岡信夫先生が、ラ
ンチェスターの戦争の法則からはじめて導きだしたビジネスの戦
略思想です。「勝ち方には一定のルールがある、その基本的思想
をランチェスター法則から学び取れ」が先生の一貫した主張でし
た。

　そして先生は、ランチェスター法則をすべての戦略哲学の中核
に据え、複眼的で弁証法的な発想と、知的な論理の展開法を重視
し、短期間に今日のランチェスター販売戦略の全体系を築きあげ
ました。私は本書を執筆するに当たって、先生の先駆的業績に敬
意を払い、ここに衷心より感謝の意を表明します。

筆者は田岡先生の遺志を引き継ぐNPOランチェスター戦略で学び、ランチェスター戦略コンサルタントになりました。20年以上の間、量・質ともに大変充実した仕事をすることができました。著書も本書で14冊目となりました。故田岡先生とランチェスター協会の皆さんに感謝申し上げます。

やせがえる　負けるな一茶　ここにあり

小林一茶のこの俳句が好きです。弱いものの味方でありたい。そう思ってコンサルタントとして開業して25年目となり、筆者は60歳となりました。これまで企業の経営者や営業の幹部に対してコンサルティングしてきました。筆者の仕事はBtoBです。

そんな筆者に、リーダーシップを学び、志と夢を叶えたいとの意識の高い若者たち「しがく」のメンバーとの出会いがありました。人間的魅力があっても競争に弱ければリーダーは務まりません。そんな想いから「戦略」を教えることになりました。BtoCの仕事が加わりました。

その成果を踏まえて、本書は20歳代の営業員向けに書きました。「しがく」の室舘代表をはじめ、関係者、メンバーに感謝申し上げます。とりわけ、成果報告をしてくれた3名と15秒プレゼンの内容を提供してくれた12名にお礼申し上げます。

読者のあなたへ。最後まで読んでいただいてありがとうございます。この世界の未来をつくるのは若者です。戦略を学び、営業の仕事で人生をつくっていってください。

小が大に勝つ。だから仕事も人生も面白い。

2023年11月

福永雅文

━ 参考文献と学習の手引き

① **ランチェスター販売戦略（シリーズ5巻）**田岡信夫/サンマーク文庫/1992刊（初版は1972〜73刊）

＊ランチェスター戦略のルーツを知りたい方におすすめ。

② **新版ランチェスター戦略「弱者逆転」の法則** /福永雅文/日本実業出版社/2018刊（旧版は2005刊）

＊初心者向けのランチェスター戦略の本。中田敦彦のユーチューブ大学でテキストとして使われている。豊富な事例でわかりやすい。

③ **ランチェスター戦略「営業」大全** 福永雅文/日本実業出版社/2019刊

＊営業部門の研修や読書会のテキストとして企画された本。営業部門の戦略作りの詳細が解説されている。営業リーダー向け。

④ **ビジネス実戦マンガ「ランチェスター戦略」** 福永雅文/PHPビジネス新書/2009刊

＊ストーリー漫画で解説。ABC分析、構造シェアを漫画で解説しているのでわかりやすい。

⑤ **ランチェスターの法則で読み解く 真田三代 弱者の戦略** 福永雅文/日本実業出版社/2015刊

＊ランチェスター法則の実証実験を報告している。歴史好きにお奨めだがビジネスにも通用する内容。

⑥ **会社四季報 業界地図2023年版** 東洋経済新報社編/東洋経済新報社/2022刊

＊市場シェアをはじめ、各業界の勢力関係が整理されている。

⑦ **日経 業界地図2023年版** 日本経済新聞社編/日本経済新聞出版社

＊市場シェアをはじめ、各業界の勢力関係が整理されている。

⑧ **黒霧島物語　宮崎の弱小蔵元が焼酎王者になるまで** 馬場燃/日経BP/2015刊

⑨ **トヨタ・ストラテジー**　佐藤正明/文藝春秋/2009刊

⑩ **成し遂げる力**　永守重信/サンマーク出版/2021刊

⑪ **論語と算盤**　渋沢栄一/KADOKAWA/2008刊（初版は1916刊）

⑫ **平成31年度東京大学学部入学式　祝辞**　上野千鶴子
https://www.u-tokyo.ac.jp/ja/about/president/b_message31_03.html

⑬ **僕は君たちに武器を配りたい**　瀧本哲史/講談社/2011刊

⑭ **天才！成功する人々の法則**　マルコム・グラッドウェル/講談社/2009刊

福永雅文（ふくなが　まさふみ）

　ランチェスター戦略コンサルタント。戦国マーケティング株式会社代表取締役（所在地は東京）。1963年広島県呉市生まれ、86年関西大学社会学部卒。マーケティング関係の仕事を経て99年にコンサルタントとして独立。小が大に勝つ「弱者逆転」を使命とし、ビジネス戦国時代を生き残る知恵を提供する意図から社名に「戦国」とつける。

　「特定市場（地域、顧客層、商品）でナンバー1になることが企業の永続的な繁栄のために最も有効である」との考えのもと、企業の戦略づくりの方法を指導。シェアと売上・利益を向上させる目標・戦略・行動計画を策定しPDCAを回す仕組みを導入。

　2005年より22年までNPOランチェスター協会で講座の内容とテキストの責任者を務め、後進のインストラクターの養成を行う。前研修部長、現特任講師。ランチェスター戦略学会常任幹事。HIS創業者の澤田秀雄氏が立ち上げた起業家や政治家を育成する澤田経営道場の運営母体で理事を務めるほか、さいたま市の外郭団体や南アルプス市商工会などで若手社長の育成機関で講師を務める。「しがく福永ランチェスター戦略塾」で20代のビジネスパーソンの指導も行う。歴史に学ぶリーダーシップ（戦略的思考と人間的魅力）についても著述や研修を行う。

　著書「新版ランチェスター戦略『弱者逆転』の法則」「中小企業のコンサル事例でわかるランチェスター戦略『圧倒的に勝つ経営』」「ランチェスター戦略『営業』大全」（以上、日本実業出版社）「小が大に勝つ逆転経営　社長のランチェスター戦略」（日本経営合理化協会）、ほか多数。

戦国マーケティング株式会社

メール　info@sengoku.biz

URL　https://sengoku.biz

MEMO

MEMO

MEMO

ランチェスター戦略超入門

2023年11月15日　初版第1刷発行

著　者	福　永　雅　文
発行者	延　對　寺　哲
発行所	株式会社 ビジネス教育出版社

〒102-0074　東京都千代田区九段南 4 - 7 - 13
TEL 03（3221）5361（代表）／FAX 03（3222）7878
E-mail ▶ info@bks.co.jp　URL ▶ https：//www.bks.co.jp

印刷・製本／ダイヤモンド・グラフィック社
ブックカバーデザイン／飯田理湖　本文デザイン・DTP／ダイヤモンド・グラフィック社
落丁・乱丁はお取替えします。

ISBN978-4-8283-1043-5